DO CONTRATO DE FRANQUIA EMPRESARIAL

Dados Internacionais de Catalogação na Publicação (CIP)
(Câmara Brasileira do Livro, SP, Brasil)

Roque, Sebastião José
   Do contrato de franquia empresarial / Sebastião
José Roque. -- 1. ed. -- São Paulo : Ícone, 2012. --
(Coleção elementos de direito)

   ISBN 978-85-274-1186-8

   1. Contratos - Brasil 2. Franquias (Comércio
varejista) - Legislação - Brasil I. Título.
II. Série.

11-07652   CDU-34:339.176

Índices para catálogo sistemático:

1. Franquias : Leis : Direito   34:339.176

Sebastião José Roque

Bacharel, mestre e doutor em Direito pela Universidade de São Paulo;
Advogado e assessor jurídico empresarial;
Árbitro e mediador;
Professor de Direito;
Presidente do Instituto Brasileiro de Direito Comercial "Visconde de Cairu";
Presidente da Associação Brasileira de Arbitragem – ABAR;
Especialização nas Universidades de Bolonha, Roma e Milão e na de Panthéon-Sorbonne de Paris;
Professor da Universidade de Cosenza (Itália);
Autor de inúmeros artigos sobre Direito Empresarial e outros temas nos *sites* jurídicos da Internet;
Autor de mais de 35 obras jurídicas.

DO CONTRATO DE FRANQUIA EMPRESARIAL

1ª edição
Brasil – 2012

Ícone editora

© Copyright 2012
Ícone Editora Ltda.

Coleção Elementos de Direito

Capa e diagramação
Richard Veiga

Revisão
Juliana Biggi
Saulo C. Rêgo Barros

Proibida a reprodução total ou parcial desta obra, de qualquer forma ou meio eletrônico, mecânico, inclusive por processos xerográficos, sem permissão expressa do editor (Lei n° 9.610/98).

Todos os direitos reservados à:
ÍCONE EDITORA LTDA.
Rua Anhanguera, 56 – Barra Funda
CEP: 01135-000 – São Paulo/SP
Fone/Fax.: (11) 3392-7771
www.iconeeditora.com.br
iconevendas@iconeeditora.com.br

ODE AO ACADÊMICO

O PODER DA MENTE

Pobre de ti se pensas ser vencido;
Tua derrota é um caso decidido.
Queres vencer, mas como em ti não crês
Tua descrença esmaga-te de vez.
Se imaginas perder, perdido estás;
Quem não confia em si, marcha para trás;
A força que te impele para frente
É a decisão firmada em tua mente.

Muita empresa esboroa-se em fracasso
Inda antes de dar o primeiro passo;
Muito covarde tem capitulado
Antes de haver a luta começado.
Pensa grande e teus feitos crescerão,
Pensa pequeno e irás depressa ao chão.
O querer é poder arquipotente,
É a decisão firmada em tua mente.

Fraco é quem fraco se imagina;
Olha ao alto quem ao alto se destina;
A confiança em si mesmo é a trajetória
Que leva aos altos cimos da vitória.
Nem sempre, quem mais corre, a meta alcança,
Nem mais longe o mais forte o disco lança,
Mas se és certo em ti, vai firme, vai em frente
Com a decisão firmada em tua mente.

S. J. ROQUE

ÍNDICE

1. **ASPECTOS CONCEITUAIS DA FRANQUIA,** 13
   1.1. Conceito de franquia, **15**
   1.2. Características, **16**
   1.3. Natureza jurídica, **19**
   1.4. Contrato de colaboração, **21**
      1.4.1. Áreas primordiais da empresa industrial, **21**
      1.4.2. Separação das áreas, **22**
      1.4.3. O dinamismo empresarial, **24**
      1.4.4. A entrada do intermediário, **25**
      1.4.5. Características dos contratos de colaboração, **25**
      1.4.6. Correlação com contratos públicos, **26**

2. **TIPOS DE FRANQUIA,** 29
   2.1. Critérios de classificação, **31**
      2.1.1. Quanto à natureza da atividade, **31**
      2.1.2. Quanto à atuação geográfica, **31**
      2.1.3. Quanto à remuneração, **31**
   2.2. Quanto à natureza da atividade, **32**
      2.2.1. Individual, **32**

       2.2.2. Industrial, **32**
       2.2.3. Comercial, **33**
       2.2.4. Serviços, **34**
       2.2.5. De reversão (também chamada de conversão), **34**
       2.2.6. Combinada, **36**
       2.2.7. *Shop in shop*, **37**
       2.2.8. Minifranquia, **37**
2.3. Quanto à atuação geográfica, **38**
       2.3.1. Unitária, **38**
       2.3.2. Múltipla, **38**
       2.3.3. Regional, **38**
2.4. De desenvolvimento de área, **38**
       2.4.1. Máster franquia, **38**
2.5. Quanto à remuneração, **40**
       2.5.1. Mista, **40**
       2.5.2. Pura, **40**
2.6. Franquias inovadoras, **40**
       2.6.1. Social, **41**

3. PARTES CONTRATANTES, 43
3.1. Bilateralidade do contrato, **45**
3.2. Franqueador, **45**
3.3. Franqueado, **47**

4. DIREITOS E OBRIGAÇÕES DO FRANQUEADOR, 49
4.1. Complexo de responsabilidades, **51**
4.2. Direitos do franqueador, **51**
       4.2.1. Recebimento da remuneração, **51**
       4.2.2. Supervisão do franqueado, **52**
       4.2.3. Recebimento de informações, **52**
       4.2.4. Escolha dos franqueados, **52**
4.3. Obrigações do franqueador, **53**
       4.3.1. Fornecimento de tecnologia, **53**
       4.3.2. Treinamento de pessoal, **53**
       4.3.3. Propaganda e publicidade, **54**

4.3.4. Pesquisas, **54**
4.3.5. Garantia de exclusividade, **54**
4.3.6. Assistência contínua, **54**
4.3.7. COF – Circular de Oferta de Franquia, **55**
4.3.8. Manutenção das condições contratuais, **55**

5. **DIREITOS E OBRIGAÇÕES DO FRANQUEADO,** 57
5.1. Conjunto de direitos do franqueado, **59**
    5.1.1. Uso da tecnologia do franqueador, **59**
    5.1.2. Comercialização dos produtos, **59**
    5.1.3. Exclusividade de área, **60**
    5.1.4. Disposição da franquia, **60**
    5.1.5. Segurança de suprimento, **60**
5.2. Obrigações do franqueado, **61**
    5.2.1. Gama de obrigações, **61**
    5.2.2. Pagamento da remuneração, **61**
    5.2.3. Fidelidade à tecnologia, **61**
    5.2.4. Contabilidade uniforme, **62**
    5.2.5. Aquisição dirigida de insumos, **62**
    5.2.6. Sigilo, **62**
    5.2.7. Ciclo de informações, **62**

6. **ORIGEM DA ATIVIDADE,** 63
6.1. O início, **65**
6.2. O modelo McDonald's, **66**
6.3. Bases do sistema, **67**

7. **AS LOUVÁVEIS VIRTUDES DA FRANQUIA,** 69
7.1. Razões do sucesso, **71**
7.2. Vantagens para o franqueador, **71**
    7.2.1. Fraco investimento, **71**
    7.2.2. Segurança e eficácia, **72**
    7.2.3. Penetração nos mercados, **72**

7.3. Vantagens para o franqueado, **72**
    7.3.1. Marca consagrada, **73**
    7.3.2. Aquisição de tecnologia, **73**
    7.3.3. Intensa propaganda, **73**
    7.3.4. Independência jurídica, **74**
    7.3.5. Fornecedores garantidos, **74**
    7.3.6. Área reservada, **74**

8. **O CONTRATO DE FRANQUIA EMPRESARIAL NA LEI BRASILEIRA,** 75
8.1. A regulamentação, **77**
8.2. Tipo de contrato, **80**
8.3. A oferta de contrato, **82**

9. **DAS FRANQUIAS BRASILEIRAS,** 87
9.1. Fatores do sucesso, **89**
9.2. Área de cosméticos, **89**
9.3. Criação e expansão de O Boticário, **90**
9.4. A criação na área do ensino, **90**

10. **A FRANQUIA NA ITÁLIA,** 93
10.1. A lei italiana, **95**
10.2. Aspectos conceituais, **95**
10.3. O âmbito de aplicação da Lei, **98**
10.4. Aspectos formais do contrato, **98**
10.5. Resolução de pendências, **99**
10.6. Esclarecimentos prévios, **100**
10.7. Transferência do estabelecimento, **101**

11. **A FRANQUIA NA FRANÇA,** 103
11.1. Aspectos conceituais, **105**
11.2. Conteúdo da Circular de Oferta de Franquia, **107**

11.3. Sanções, **109**
11.4. O conceito e a nomenclatura, **109**
11.5. A legislação pertinente, **110**

12. **A ABF – ASSOCIAÇÃO BRASILEIRA DE FRANCHISING, 111**
12.1. Aspectos institucionais, **113**
12.2. Rumo à globalização, **113**
12.3. Aprimoramento de pessoal, **115**
12.4. Publicidade e divulgação, **115**
12.5. O Código de autorregulamentação do *franchising*, **116**

13. **DA FRANQUIA POSTAL**, 127
13.1. Aspectos conceituais, **129**
13.2. Os serviços postais franqueados, **130**
13.3. A legislação pertinente, **133**
13.4. Origem e evolução, **134**
13.5. As partes do contrato, **135**
   13.5.1. Franqueador, **135**
   13.5.2. Franqueado, **136**
13.6. O contrato de franquia postal, **136**
13.7. A ausência da COF – Circular de Oferta de Franquia, **138**

14. **EXTINÇÃO DO CONTRATO DE FRANQUIA,** 139
14.1. Execução do contrato, **141**
14.2. Imprecisão terminológica, **142**
14.3. A resilição, **143**
   14.3.1. Resilição bilateral, **143**
   14.3.2. Resilição unilateral, **143**
   14.3.3. Características da resilição, **144**
14.4. A resolução, **146**
   14.4.1. Cláusula resolutiva expressa, **147**
   14.4.2. Cláusula resolutiva tácita, **148**
   14.4.3. Exceção de contrato não adimplido, **149**

    14.4.4. Cláusula de onerosidade excessiva, **150**
    14.4.5. Resolução por decurso do prazo, **151**
    14.4.6. Resolução pela execução, **152**
14.5. A rescisão, **153**
14.6. A nulidade, **155**
14.7. A anulação, **158**
14.8. A falência, **159**
14.9. A quitação, **160**

15. **A SOLUÇÃO ADEQUADA DE CONTROVÉRSIAS EMPRESARIAIS: ARBITRAGEM,** 161
15.1. Necessidade de fórmulas alternativas de solução de problemas, **163**
15.2. Características e vantagens da arbitragem, **165**
15.3. Tipos de arbitragem, **169**
15.4. Como se institui o juízo arbitral, **171**
15.5. O passivo judicial das empresas, **173**
15.6. A remuneração da arbitragem, **175**
15.7. As raízes brasileiras da arbitragem, **176**

16. **LEI Nº 8.955,** 179

17. **UM MODELO DE CONTRATO DE FRANQUIA,** 187

18. **REGULAMENTO CEE 4.087/88 DA COMISSÃO DAS COMUNIDADES EUROPEIAS, RELATIVO A CERTAS CATEGORIAS DE ACORDOS DE FRANQUIA,** 197

19. *FRANCHISING* **– CÓDIGO DE DEONTOLOGIA EUROPEU,** 215

1. ASPECTOS CONCEITUAIS DA FRANQUIA

1.1. Conceito de franquia
1.2. Características
1.3. Natureza jurídica
1.4. Contratos de colaboração
   1.4.1. Áreas primordiais da empresa industrial
   1.4.2. Separação das áreas
   1.4.3. O dinamismo empresarial
   1.4.4. A entrada do intermediário
   1.4.5. Características dos contratos de colaboração
   1.4.6. Correlação com contratos públicos

1.1. Conceito de franquia

Entre os contratos de transferência de tecnologia, nenhum conseguiu sucesso tão rápido, abrangente, profundo, como fez o de *"franchising"*. Realmente impressionante foi a vulgarização e importância que esse novo mecanismo de comercialização de produtos atingiu no mundo inteiro, ultrapassando as mais distantes fronteiras.

O contrato de franquia é o acordo pelo qual o detentor de propriedade industrial dá concessão a uma empresa para produzir e comercializar, diretamente ao público, determinados produtos de marca já consagrada e vulgarizada. Sob o ponto de vista empresarial, é um método adotado para a distribuição de produtos e/ou serviços, consistente na parceria entre uma empresa, em princípio mais experiente, e outras empresas, geralmente menos experientes, no qual a primeira transfere às últimas a experiência ou competência por ela desenvolvida, no que se refere à produção e distribuição de certos produtos.

Sob o ponto de vista jurídico, a franquia é geralmente um complexo de contratos, sendo um o principal e os outros acessórios ou dependentes. A incidência desse contrato é principalmente na área propriamente comercial, na distribuição de produtos, procurando fazê-los chegar mais direta e rapidamente às mãos do consumidor. Aproxima-se ao contrato de distribuição e de representação ou agência. Enquadra-se, porém, amplamente, como contrato de transferência de tecnologia. Poderá ser facilmente compreendido se observarmos um exemplo bem frisante, como é o caso da rede de lanchonetes McDonald's.

É conveniente citar que o franqueador não cede, mas licencia sua tecnologia.

1.2. Características

Trata-se de um contrato bilateral, consensual, oneroso, empresarial, de execução continuada, internacional ou nacional, híbrido e complexo, de prestações recíprocas (comutativo, informal). Necessário se torna analisar cada uma das características do contrato. Nossa consideração de contrato, apesar de muitos conceitos e aplicações levantados por numerosos juristas, é o constante no art. 1.321 do Código Civil italiano, "de que o contrato é o acordo de duas ou mais partes, para constituir, regular ou extinguir entre elas uma relação jurídica patrimonial".

BILATERAL – A bilateralidade desse contrato se manifesta sob diversas formas a começar pela caracterização positiva das duas partes, franqueador e franqueado, e pelas obrigações mútuas, em decorrência do consenso entre as partes. O não cumprimento de obrigações por uma delas poderá ensejar à outra o apelo ao princípio de *"exceptio non adimpleti contractus"*. Poderá dar ainda à outra o direito à rescisão do contrato.

CONSENSUAL – Aperfeiçoa-se o contrato pelo simples consentimento das partes. Faz nascerem obrigações para as partes, antes mesmo do início das operações e independentemente do fornecimento de qualquer mercadoria. Assim, com o *"consensus"*, o franqueado já está obrigado a pagar taxas iniciais e adquire o direito de colocar à frente do seu estabelecimento a insígnia do franqueador.

TÍPICO – É típico ou nominado, porque é regulamentado pela nossa lei. O nome "*franchising*" nos faz supor a ausência de regras jurídicas próprias para ele, pois nossa lei não admite denominações em idioma estrangeiro. Aplica-se algumas vezes a expressão "*franchising*", que, por ser nome estrangeiro, não pode constar em nossa legislação. Entretanto, a Lei 9.855/94, que lhe deu certos contornos, usa o nome de **franquia empresarial**, que é o nome legal. A lei da franquia empresarial estabelece algumas formalidades para a elaboração desse contrato, o que o transformou em contrato nominado, embora haja algumas opiniões divergentes.

DE EXECUÇÃO CONTINUADA – A franquia é um contrato marcantemente de duração. As prestações não se realizam em um só momento, mas de forma continuada e permanente; tanto as prestações como as contraprestações são contínuas e vão se repetindo no tempo e no espaço.

INTERNACIONAL – Trata-se de contrato geralmente internacional, mas não essencialmente internacional. No Brasil, já está em desenvolvimento o sistema com empresas brasileiras, concedendo franquias a outras empresas nacionais. É o caso da cadeia de restaurantes denominada "Grupo Sérgio" e das empresas de cosméticos "O Boticário" e "Água de Cheiro", e a "Botica Ao Veado D'Ouro". Nos EUA, onde o moderno "*franchising*" nasceu e se desenvolveu, as empresas franqueadoras aplicaram o sistema primeiro no país e depois fora dele. Não deixa de ser marcantemente internacional, como se vê na maioria das empresas franqueadoras operando no Brasil. O tipo de operação presta-se muito a espalhar-se pelos países, pois a vulgarização e a propaganda ampla são fatores de seu sucesso.

HÍBRIDO – É formado por elementos de variados contratos, como o de **fornecimento**, de **concessão**, de **prestação de serviços** e vários outros. Todavia, a aglutinação desses elementos torna a franquia um contrato peculiar. Igualmente, é, via de regra, um complexo de contratos, mormente no Brasil, em vista da nossa regulamentação dos contratos de transferência de tecnologia.

FORMAL – É um ato jurídico solene, submetendo-se a formas precisas e exigidas pela lei. Sua elaboração fica à vontade das partes, sem prender-se a formalidades. Não está a descoberto da lei. Malgrado a franquia não seja regulamentada, há certos serviços regulamentados pelo INPI – Instituto Nacional da Propriedade Industrial. Se for um contrato celebrado no exterior com empresa estrangeira, porém, deverá ser registrado no Banco Central. Além disso, a Lei da Franquia impõe normas para a celebração do contrato. Pelo menos o contrato deve se submeter a normas da Lei da Franquia, embora essa lei não seja da franquia, mas do contrato de franquia.

EMPRESARIAL – É estabelecido entre duas empresas. O franqueador é uma empresa coletiva, embora não seja vedado que seja empresa individual. O franqueado poderá ser empresa individual ou coletiva, apesar de que todas as que se conhecem sejam coletivas. Sendo um contrato empresarial, é naturalmente oneroso, por trazer vantagens e sacrifícios patrimoniais para as duas partes. A onerosidade é aspecto que se ressalta na finalidade especulativa das atividades empresariais. O intento lucrativo está patente não só na atividade das partes, mas na essência desse contrato de tipo mercantil. Igualmente, é empresarial por força ou determinação da lei, ou seja, a Lei exige que ele seja empresarial, tanto que lhe dá a designação de **franquia empresarial.** Ainda que a franquia seja de prestação de serviços, não deixa de ser empresarial.

COMUTATIVO – Sendo empresarial e oneroso, implica a equivalência possível da utilidade obtida pelas partes. As partes conhecem antecipadamente seus direitos e obrigações e procuram conciliá-los, para conseguirem equivalência de valores. As operações não ficam submetidas à "álea" dos negócios e do tempo, mas são plenamente definidas, sem previsão de incertezas futuras.

"INTUITUS PERSONAE" – Em muitos sentidos, pode-se dizer que seja contrato *"intuitus personae"*, pois que ambas as partes detêm exclusividade nos seus negócios. O franqueador detém uma tecnologia exclusiva, marcas registradas e outros elementos patenteados que lhe garantem exclusividade. Quase tudo que o franqueado faz ou adquire só pode ter uma fonte. O franqueado tem exclusividade de ação em seu território sem que o franqueador possa realizar transações com terceiros; só ele pode comercializar os produtos franqueados.

Por outro lado, o franqueado só pode manter contrato de franquia com o franqueador e adotar sua orientação. As obrigações de ambas as partes são intransferíveis. Essa intransferibilidade de direitos e obrigações é que faz do contrato de franquia um contrato "*intuitus personae*". Normalmente, o franqueador elabora os contratos e os oferece aos interessados, não podendo haver privilégios contratuais, e as mesmas condições impostas a um franqueado devem ser estendidas a todos. Não se pode, porém, dizer que seja um contrato de adesão, porquanto há muitos pormenores que afastam a franquia daquela figura contratual.

O franqueado pode escolher qual será o franqueador, havendo portanto opção. Não se pode também dizer que o franqueado aceita em bloco as condições contratuais. Abrem-se as discussões sobre alguns aspectos contratuais como a extensão do território, o tamanho das instalações, as formas de pagamento do preço. O contrato não é padronizado, "*standard*". É feito num impresso próprio. Esses pormenores chegam a afastá-lo do contrato de adesão, com o qual mantém apenas alguma afinidade.

1.3. **Natureza jurídica**

Quando se fala em natureza jurídica costuma-se entender a que regime jurídico o tema tratado fica subordinado. Em nosso caso implica saber em que sistema jurídico, em qual legislação o contrato de franquia será colocado. Como a franquia se opera com base no contrato, podemos dizer que, antes de tudo, a franquia se situa no campo do Direito Contratual. É este o ramo do direito criado modernamente, em vista da ascendência do contrato no campo das relações humanas.

Quase tudo o que fazemos é decorrência de um contrato. Acordamos de manhã e acendemos a luz porque temos um contrato com a Eletropaulo para fornecimento de energia elétrica. Tomamos café com leite e pão porque o padeiro celebrou conosco o contrato de compra e venda do pão e com o leiteiro que nos vendeu o leite. Saímos para trabalhar porque temos contrato de trabalho com nosso empregador; pegamos o ônibus para o trabalho por estabelecermos contrato de transporte com a companhia de ônibus. Se vamos tomar um cafezinho celebramos contrato de compra e venda com o bar que nos forneceu o café; se formos comer um pastel, temos que celebrar contrato com o "china" para que este nos forneça o pastel. O aluno que faz um curso de direito deve ter contrato de prestação de serviços com a faculdade que lhe presta esse serviço. E assim por diante.

Podemos dizer então que a franquia seja um contrato decorrente de um complexo de contratos. Por essa razão, dar o conceito de franquia não é tarefa fácil, devido à sua complexidade, integrando-se nela as características de variados contratos.

Estando assim colocada a franquia na área do Direito Contratual, por si mesmo bastante complexo, temos ainda que avançar nessa colocação, situando a franquia no direito da tipologia do contrato a que ela pertence: neste aspecto iremos colocá-la sob o manto do Direito da Propriedade Industrial, por considerá-la como contrato de transferência de tecnologia. É o segundo ramo do direito em que ela se situa, que preferimos chamar de Direito da Propriedade Intelectual, designação adotada nos EUA e em grande parte dos países. Entretanto, o direito italiano, bem como o direito francês, adotaram a expressão: **propriedade industrial**, e nós sofremos essa influência, ficando com o mesmo nome. Ao se falar em propriedade industrial parece-nos referir-se à indústria, enquanto ela é aplicada em todos os campos da atividade econômica e não apenas à indústria. Bastaria examinar a própria franquia, cuja atividade industrial é de pouca importância na amplitude da própria franquia. Podemos então classificar a franquia como sendo contrato de transferência de tecnologia. Podemos confirmar este conceito na própria Lei da Franquia, cujo artigo 1º define a franquia trazendo estas palavras:

Franquia empresarial é o sistema pelo qual um franqueador cede o direito de uso de marca ou patente, e, eventualmente também o direito de tecnologia de implantação e administração de sistema operacional desenvolvidos ou detidos pelo franqueador.

Vamos outra vez realçar que, nos contratos de transferência de tecnologia, a cessão é a transferência definitiva dos direitos de propriedade intelectual. Se for transferência provisória recebe o nome de licença ou licenciamento. No contrato de franquia o franqueador não "cede", mas licencia, ou seja, transfere temporariamente seus direitos de propriedade intelectual ao franqueado.

1.4. Contrato de colaboração

Em vista da grande difusão dos contratos, formou-se recentemente nova classificação contratual, batizada com o nome de **contratos de colaboração**. Esses contratos são como uma parceria entre duas empresas, em que uma colabora com a outra, uma complementa a outra, cada uma se dedicando a um mister, integrando-se um no outro. É o caso desses contratos: representação comercial autônoma, agência, distribuição, concessão mercantil, *trading*, mandato.

1.4.1. *Áreas primordiais da empresa industrial*

Quem examinar a estrutura das grandes empresas irá notar que ela constitui um complexo de órgãos integrados, cada um funcionando em conexão com os outros. Esses órgãos são chamados de departamentos, seções ou divisões, cada um deles cumprindo determinado papel. Começa com o Departamento de Produção, que manufatura os produtos, para a venda ao mercado consumidor; termina com o Departamento de Vendas, que provoca a saída dos produtos para fora da empresa. Há departamentos intermediários que viabilizam o bom funcionamento desses departamentos, o inicial e o final; o Departamento de Recursos Humanos, por exemplo, providencia a formação e a manutenção da mão de obra necessária para que os departamentos funcionem. O Departamento Financeiro custeia as operações de produção e de vendas. Desta forma agem também outros departamentos.

Dois departamentos se realçam, não só por serem o início e o fim do ciclo produtivo, mas pelo papel estratégico. O departamento de vendas coloca os produtos nas mãos do consumidor e se ele falha engarrafa o Departamento de Produção; se este falha provoca pane nas vendas. Por esta razão, sempre se preocuparam as empresas com o funcionamento dele, dividindo igualmente sua atenção para um e para outro. Essa divisão do interesse empresarial tem sido fonte de atritos, de divergências e discussões pouco positivas.

Nos últimos 40 anos, as empresas começaram a sentir que as duas atividades deveriam ser separadas, devido a vários motivos. O perfil do profissional de vendas é bem diferente do perfil do profissional da produção: cada um tem formação diferente, mentalidade própria e objetivos díspares. Cada profissional se concentrava devidamente no seu setor, desavindo-se às vezes com o outro. Nos debates dos mais altos problemas empresariais, não havia frequentemente consenso em vista de cada um ter mentalidade diferente.

1.4.2. *Separação das áreas*

Iniciou-se então longo processo de separação e se evidenciou nova ciência empresarial, que se coloca acima das vendas e da produção e fizesse com que setores diferenciados pertencessem ao mesmo processo. Essa ciência surgiu na França com o nome de *mercadologia* e nos EUA de *marketing*. Preferimos a primeira designação por estar inserida em nosso idioma. A mercadologia não é apenas a ciência das vendas, mas de todos os fatores condicionados à venda. Essa ciência ocupa-se primeiro em saber as necessidades do mercado; que produtos estão sendo procurados pelos consumidores. Apela depois à produção, para que esta trabalhe para atender aos anseios do mercado consumidor.

Há mais de vinte anos a atividade empresarial estabeleceu, de forma ampla e definitiva, a distinção entre produção e vendas, e por empresas diferentes: uma empresa fabrica e outra vende os produtos da primeira. E o resultado foi a criação do representante comercial autônomo, que já se fazia presente há muitos anos, antes de ser regulamentado pela Lei 4.886, de 1965. Estava assim selada a primeira forma de divisão de tarefas. Uma empresa assume a tarefa da produção e outra a de levar essa produção às mãos dos consumidores. Surgiram, em seguida, outras formas de parceria.

E daí por diante a vida empresarial evoluiu, aperfeiçoou-se e adquiriu complexidade cada vez maior. Vender tornou-se tarefa hercúlea porque a concorrência a estimula. Outro problema surgiu agora: como vender, ou seja, escolher sistema mais eficiente de venda. Urgia encontrar fórmulas para suplantar a concorrência, baratear custos e aumentar a eficiência. Dessa luta surgiram os diversos contratos de venda, que foram chamados contratos de colaboração, por ser um tipo de parceria, em que cada parceiro cumprisse um papel na parceria em benefício comum, baseada no princípio de que uma mão lava a outra.

A franquia surgiu nesse mesmo sentido e foi incorporando em si os elementos de outros contratos de colaboração. Seu papel é, porém, diferente: o franqueador não é produtor, ou seja, o fabricante dos produtos que ficam a cargo do franqueado para a distribuição. A produção é tarefa do franqueado, que fabrica os produtos e os distribui. O franqueador é um produtor de ideias, um criador de tecnologia de industrialização e distribuição de produtos. Nesse aspecto, a franquia se distingue dos demais contratos de colaboração; o franqueado é intermediário e produtor, diferentemente do varejista. Na maioria dos contratos de colaboração, o posicionamento dos intervenientes é, mais ou menos, uniforme: produtor-vendedor-consumidor. Cada um deles cumpre seu papel, mas, na franquia, o vendedor é também o produtor.

Há, dentro da franquia, algumas peculiares, que fogem à regra geral, como acontece na **franquia industrial**, em que o franqueado é o produtor, o fabricante dos produtos. Conforme veremos no Capítulo 2: Tipos de franquia, a **franquia industrial** é aquela em que o franqueador cria a tecnologia de fabricação de um produto e o licencia ao franqueado para fabricar e distribuir esse produto, às vezes, um único produto, como no exemplo citado da fabricação de trilhos para estradas de ferro.

1.4.3. *O dinamismo empresarial*

As atividades empresariais, antes chamadas *comércio*, na antiga Grécia tinham um deus particular, chamado Zeus. Os antigos romanos também tinham esse deus a quem deram o nome de Mercúrio. Havia uma peculiaridade entre eles: ambos tinham asas nos pés. Tornaram-se, destarte, o símbolo do dinamismo, da velocidade. E o *comércio*, que chamamos de *atividades empresariais*, recebe esse dom de Zeus e de Mercúrio: a rapidez, o dinamismo. As atividades empresariais caracterizam-se pela velocidade e esse dom hoje se intensifica nas relações mercantis, mais do que em outros campos da atividade humana. Alargaram-se as fórmulas de colaboração empresarial; tudo nessa colaboração prima pela rapidez. O dinamismo leva à formulação de mecanismos de aproximação entre o produtor e o consumidor, assim entendido o vendedor e o comprador.

Sabe-se que no contrato de compra e venda há sempre duas partes obrigatórias, essenciais: o vendedor e o comprador. Nas primitivas operações mercantis, o produtor procurava o consumidor, para levar às mãos deste os produtos de sua fabricação. Por muitos séculos assim funcionou o processo de venda, com a aproximação direta entre vendedor e comprador. O dinamismo dessa operação fez criar outra figura jurídica: a do intermediário.

Este é um aspecto em que a franquia se realça: ela é dinâmica e tem que ser dinâmica e rápida, mormente na criatividade. O franqueador é obrigado a acompanhar em cima a evasão dos produtos, mantendo sempre a preferência do público. Ao menor sinal de queda de vendas de um produto, precisa introduzir, de imediato, modificações nele, ou criar outro produto que atraia mais o interesse do consumidor.

A rapidez vai ser notada também na produção e distribuição ao consumidor. É o que se vê, por exemplo, no consumo de um sanduíche: o consumidor chega ao caixa, pede o produto e o paga, e deve recebê-lo de imediato. Comenta-se que nas franquias de *fast-food*, essa operação tem que durar no máximo até dois minutos; *fast-food* significa refeição rápida. As atividades, tanto do franqueador como do franqueado, devem ser ágeis, dinâmicas, exercidas com toda presteza.

1.4.4. *A entrada do intermediário*

O intermediário é um terceiro que entra no meio dessa relação, tornando-se então a venda numa relação tripartite: vendedor-intermediário-comprador. A participação desse terceiro fez aumentar o preço da mercadoria, porquanto em cima dela será calculado o lucro do intermediário. Por essa razão surgiu algum descontentamento entre as outras partes, mormente do consumidor. O descontentamento aumentou quando surgiram outros intermediários.

A análise serena revela que os intermediários surgem naturalmente, em decorrência do dinamismo da venda. Eles não provocaram seu aparecimento, mas se tornaram necessários. A venda de mercadorias provoca uma cadeia de colaboração entre os vários participantes, para o mais rápido e eficiente escoamento da produção, a venda pronta e eficiente se impõe se o produtor, como o fabricante de produtos, estende suas perspectivas para um mercado amplo e globalizado, quando há produção em massa e venda de infantaria. A estas alturas torna-se imprescindível a inserção de terceiros na relação, são os chamados intermediários, que assumem agora diversos matizes e provocam o surgimento de novos contratos.

Desde já vamos indicar esses contratos: **representação comercial, agência, distribuição, comissão, mandato, concessão mercantil,** *trading.* A franquia situa-se entre eles, mas apresentando matizes especiais e características próprias, conforme foi descrito.

1.4.5. *Características dos contratos de colaboração*

1. A principal característica desses contratos é o objeto dele: levar as mercadorias produzidas pelo fornecedor até o consumidor final, de forma econômica, rápida e satisfatória. São contratos de venda, destinados a desovar os estoques das empresas produtoras, carreando-os ao consumo popular: visa à circulação de mercadorias. Representam um conjunto de ações referentes ao escoamento dos estoques de mercadorias.
2. Se os contratos de colaboração se referem a mercadorias é forçosamente **mercantil,** no sentido etimológico das pala-

vras, pois mercantil e mercadoria são palavras cognatas, da mesma raiz. Não é apenas por esse motivo, mas as duas partes desses contratos são empresas, sendo, portanto, contratos interempresariais. Mercantil é sinônimo de empresarial. Já tivemos oportunidade de falar que o representado ou proponente é sempre uma empresa e o representante ou distribuidor é também uma empresa, ainda que individual.
3. São contratos celebrados entre o produtor e o intermediário. O comprador ou consumidor entra depois na transação. Há destarte intermediação ou aproximação de um terceiro para a concretização da venda, razão pela qual se chama intermediário o segundo contratante, que é o colaborador do primeiro.
4. Os contratos de colaboração visam a garantir o suprimento de mercadorias ao mercado consumidor, formando e ampliando esses mercados, que são criados pelo colaborador.

1.4.6. *Correlação com contratos públicos*

A franquia é, de regra, um contrato de direito privado. Entretanto, surgiu no Brasil a franquia de correios, em que o franqueador é a ECT – Empresa Brasileira de Correios e Telégrafos, empresa pública de capital exclusivo do Governo Federal. Conserva, porém, algumas semelhanças com os contratos públicos de concessão e permissão, que são também contratos de colaboração, mas do Poder Público com a iniciativa privada.

Comparemos então o contrato de colaboração, como os da Prefeitura com as empresas privadas de transportes coletivos urbanos. A Prefeitura tem o direito de transportar pessoas, itinerários estudados, noção dos tipos de veículos, lugares de parada, de estabelecer o preço do transporte. A Prefeitura transfere esses direitos a uma empresa privada, para executar serviços que caberiam a ela; concede esse direito, donde vem o nome de concessão, também chamada concessão pública ou administrativa. A concessionária executa esses serviços públicos, cobrando da clientela, e pagando um *royalty* à Prefeitura e seguindo o manual de instruções da concedente. Tem, como se vê, muitos pontos de contato com a franquia.

A permissão é outro contrato de colaboração entre o Poder Público e a empresa privada; contudo, os direitos transferidos são mais fracos. A transferência é a título precário, para pessoa jurídica ou física, enquanto na concessão a transferência somente poderá ser feita a pessoa jurídica. Esses dois contratos administrativos são regulamentados pela Lei 8.987/95 e dependem de licitação.

2. TIPOS DE FRANQUIA

2.1. Critérios de classificação
    2.1.1. Quanto à natureza da atividade
    2.1.2. Quanto à atuação geográfica
    2.1.3. Quanto à remuneração
2.2. Quanto à natureza da atividade
    2.2.1. Individual
    2.2.2. Industrial
    2.2.3. Comercial
    2.2.4. Serviços
    2.2.5. De reversão (também chamada de conversão)
    2.2.6. Combinada
    2.2.7. *Shop in shop*
    2.2.8. Minifranquia
2.3. Quanto à atuação geográfica
    2.3.1. Unitária
    2.3.2. Múltipla
    2.3.3. Regional
2.4. De desenvolvimento de área
    2.4.1. Máster franquia
2.5. Quanto à remuneração
    2.5.1. Mista
    2.5.2. Pura
2.6. Franquias inovadoras
    2.6.1. Social

2.1. Critérios de classificação

É possível fazer-se uma classificação de franquia, embora de forma genérica e muito ampla, às vezes sem critérios muito bem definidos. Porém, há possibilidade de se distinguir um tipo do outro e fazer-se uma enumeração. Num aspecto mais preciso, podemos dividir a franquia em três principais grupos, dos quais faremos algumas apreciações:

2.1.1. *Quanto à natureza da atividade*

Individual (industrial, comercial, serviços) – de conversão – combinada – *shop in shop* – minifranquia.

2.1.2. *Quanto à atuação geográfica*

Unitária – múltipla – regional – de desenvolvimento de área – máster.

2.1.3. *Quanto à remuneração*

De distribuição – pura – mista.

2.2. Quanto à natureza da atividade

2.2.1. *Individual*

É a mais comum e frequente, e é praticada no Brasil pela maioria das franquias mais conhecidas, como as de *fast-food* e de vestuário. O franqueado se dedica à produção e venda exclusiva de produtos licenciados pelo franqueador, previamente licenciados. Não divide espaço com outras franquias; por isso é chamada de individual. Trabalha exclusivamente com as marcas do franqueador e seu estabelecimento funciona num ponto de venda escolhido para essa atividade.

A franquia individual é um misto de suas especialidades, pois se incluem elementos da industrial, da comercial e da de serviços, mas cada um desses adota realce maior em certas ações. É o que acontece com a cadeia de lanchonetes: uma lanchonete exerce atividade industrial também, porquanto fazer sanduíche é uma indústria, a fabricação dos produtos. Há também prestação de serviços aos fregueses. Entretanto, a ação de maior ênfase é todo o conjunto de operações, que vai desde a fabricação dos produtos até a conquista da clientela e satisfação dela. Comporta ainda algumas subdivisões:

2.2.2. *Industrial*

É estabelecida entre indústrias e se assemelha ao *know-how*, um contrato de transferência de tecnologia. Por este contrato, o franqueador é uma empresa industrial, detentora de tecnologia patenteada, incluindo-se nessa tecnologia a manufatura de um produto com desenho e *know-how* de produção, marcas, métodos de trabalho, fórmulas, manuais de produção e outros elementos tecnológicos.

Esse franqueador transfere a outra empresa industrial essa tecnologia, autorizando-a a fabricar os produtos de sua patente, dentro dos padrões estabelecidos. Dá ainda autorização para distribuir os produtos no mercado consumidor. Às vezes, o franqueado poderá modificar o produto e aprimorar a tecnologia do franqueador, desde que seja de comum acordo entre ambos.

Trata-se de franquia especial, sem as características normais da franquia comum, tanto que antes não era considerada franquia, mas contrato de transferência de tecnologia, do tipo *know-how*. Os produtos franqueados não são esses de venda em massa e bem divulgados, como os sanduíches nas cadeias de lanchonetes. Foi o que aconteceu com o material ferroviário, principalmente de indústrias inglesas, como trilhos, um material pesado e de difícil transporte. Uma indústria inglesa concedeu a franquia de trilhos para uma metalúrgica brasileira, para que esta fabricasse e distribuísse os trilhos.

Extensa gama de direitos foi transferida à indústria brasileira, começando pelo sistema de têmpera do aço, as combinações de insumos como ferro e carbono, o ponto de fusão (temperatura), indicação do maquinário da linha de produção, as matérias-primas, técnicas de fabricação, métodos de trabalho, treinamento de mão de obra, manuais de operações, tipo de estocagem e transporte, os meios de transporte mais indicados e até mesmo a planta da fábrica. Também foi transferido o modelo de gestão administrativa e mercadológica, assumindo o comprador o compromisso de assistência técnica permanente, projeção dos preços dos produtos. Porém, o enfoque maior da franquia não é o aspecto mercadológico dos produtos, mas as técnicas de fabricação, ao contrário de uma lanchonete, em que o enfoque maior é a distribuição dos produtos ao público consumidor.

2.2.3. *Comercial*

É mais vasta e abrangente do que a industrial. É a praticada no ramo de vestuário e cosméticos, como a Ellus e a Benetton. A produção fica a cargo do franqueador e a distribuição ao mercado é devida ao franqueado. Algumas vezes, o franqueador não fabrica os produtos, mas se serve de outros fabricantes, que produzem a pedido, com especificações dadas por ele e com a marca dele. O franqueador é então um intermediário entre os produtores e os franqueados.

O franqueador encarrega-se da concepção e projeto dos produtos, pesquisa da preferência do público; enfim, da atividade criativa. Exerce o controle da qualidade dos produtos e controle dos fornecimentos. É, entretanto, o dono da marca.

Ao franqueado cabe a distribuição dos produtos, isto é, a venda deles ao público, em seu ponto de venda. É, portanto, franquia de distribuição.

2.2.4. *Serviços*

A princípio, a franquia teve por objeto produtos industrializados e prevalece em nossos dias. Todavia, nos últimos anos tem-se desenvolvido muito a chamada área terciária, ou seja, a prestação de serviços. Surgiram, em consequência, muitos serviços aplicados na atividade empresarial, que se sofisticaram e desenvolveram alta tecnologia. As empresas prestadoras de serviços entraram também no ramo da franquia.

Áreas como de hotelaria, cultura, lazer, turismo, limpeza e outras apresentam, hoje, sugestivo número de franqueados. Na atividade hoteleira, por exemplo, as cadeias americanas de hotéis, como o Marriot, Hyatt, Hilton, Sheraton e as redes francesas como o Méridien, o Ibis, o Mercure, o Sofitel. No Brasil há também os cursos de idiomas como o Yazigi, o CCAA, o Fisk. Aliás, uma das primeiras franquias conhecidas foi a da Singer, que criou um curso de corte e costura para a utilização de suas máquinas e estabeleceu a rede de franqueados no mundo inteiro.

Verificam-se outras redes de franquia, como cursos de informática, em que avulta a MICROLINS, uma escola da cidade de Lins, no interior de São Paulo, que hoje conta com mais de 800 franqueados em todo o Brasil.

Há franquias de empresas de limpeza e lavanderia, como a Límpidus. Há agências de turismo, academias de ginástica e outros serviços, em cadeia de franquias.

2.2.5. *De reversão (também chamada de conversão)*

Essa modalidade de franquia é chamada de reversão porque se reverte a posição do franqueado em franqueador. Uma empresa franqueada ou mesmo uma empresa independente transfere sua unidade independente a um franqueador, com sua tecnologia, seu nome, sua marca. Passa depois a ser franqueada.

Desta forma se valoriza o ponto e a experiência e os investimentos do franqueado, visando à maior rentabilidade. É um tipo de associação entre franqueado e franqueador, com vistas ao aumento da produtividade. Assim aconteceu com algumas escolas de idiomas: uma escola independente se transfere para um franqueador e volta a ser franqueada: transferiu sua tecnologia e a recebeu de volta.

A princípio, causa um pouco de estranheza que uma empresa independente, dona de seu negócio, passe a ser subordinada, perdendo em parte sua liberdade. Seria como um patrão convertendo-se em empregado. Todavia, ao dar esse passo, a empresa já deve ter estudado os prós e os contras. Ao transformar-se em franqueada, essa empresa recebe um método de trabalho modernizado e testado, um nome bem divulgado nacional ou até internacionalmente. E não perde o que possuía, principalmente o ponto de localização, que deve ser o seu forte; nem perderá sua freguesia. Às vezes não haverá necessidade de grandes investimentos, pois o novo franqueado poderá aproveitar parte de suas instalações.

A franquia de conversão foi muito aplicada pela franquia brasileira Acqua di Fiori. Numerosas perfumarias autônomas se integraram nesta franquia, aumentando a rede e quase todas alegam que o resultado foi muito favorável para os franqueados. Aconteceu igualmente, embora em menor escala, com O Boticário.

O exemplo da Zelo

Outra franquia de conversão com sucesso, o que comprova a efetividade do sistema, foi a de uma empresa de limpeza e conservação de bens imobiliários, como edifícios em condomínio, de nome Zelo. Essa empresa se encarregava da limpeza de um prédio de apartamentos residenciais, e também cuidava dos jardins, da pintura e manutenção das instalações elétricas e hidráulicas, de gás. Encarregava-se dos serviços de portaria e segurança, tendo porteiros e vigilantes próprios. Até mesmo tinha uma professora de educação física que dava aulas de ginástica aos moradores. Ela conquistou outros edifícios como seus clientes, ampliando seus serviços a escolas, prédios de escritório, hotéis, hospitais.

Importante passo dessa empresa foi o de criar uma tecnologia evoluída de trabalho, fazendo com que esse rendesse mais e fosse mais econômico, com equipamentos adequados e eficientes. Criou sistema efetivo de treinamento de mão de obra, para que seus empregados trabalhassem com mais produtividade. Estudou os materiais de limpeza mais adequados, como sabões e ferramentas mais produtivos. Podemos citar como exemplos os diversos tipos de vassouras e escovas adotados: para varrer um piso de cerâmica, de madeira ou um carpete havia necessidade de vassouras específicas.

Ao invés de propor franquia a interessados, convidou todas as empresas congêneres, que se dedicavam ao mesmo serviço, a integrar-se no seu sistema. Graças a essa conversão, espalhou-se pela cidade de São Paulo, e, em seguida, estendeu-se para o Rio de Janeiro. É hoje uma grande organização, calcada em alguns pontos fortes: o treinamento constante de seu pessoal, visando a integrá-los no seu serviço e melhorar seu desempenho profissional; em segundo lugar a melhoria constante de seus métodos de trabalho; em terceiro lugar as pesquisas constantes no seu mercado consumidor. A maioria dos franqueados consideraram excelentes os resultados obtidos com a conversão.

2.2.6. *Combinada*

Esta franquia reúne vários tipos de franquia diferentes, ou seja, poderá haver vários franqueadores para um só franqueado e no mesmo ponto. Os produtos franqueados são normalmente similares ou complementares, mas não concorrentes. Digamos que um franqueado distribua roupas de adultos de certo franqueador. Poderá, porém, distribuir roupas infantis de outro franqueador.

Desta forma, o franqueado aproveitará seu local de venda e sua estrutura organizacional, como o quadro de pessoal e vitrines, aumentando seu faturamento e a eficácia de seu trabalho. Deverá haver, contudo, sincronia entre os franqueadores e permissão deles.

Tempos atrás, a cadeia de lojas de roupas masculinas, as Lojas Garbo, operava só com roupas de estilo clássico tradicional. Uma indústria de calças *jeans* propôs manter nas Lojas Garbo um pequeno quiosque e uma barraca para a venda desse tipo de roupa diferente das linhas adotadas e a experiência deu resultados: os usuários de calças *jeans* passaram a frequentar as Lojas Garbo e, muitas vezes, compravam também os produtos desta. Este é também um exemplo de minifranquia.

A franquia combinada é também adotada nos postos de gasolina, a maioria desses postos pertence a franquias, como da Petrobras, Texaco, Shell e outras. Entretanto, num posto existem normalmente franquias combinadas, como da Wall Mart e a Seven Eleven, uma pequena farmácia, uma cafeteria. É a conjugação de várias franquias combinadas. Nos EUA realçaram-se nesse ramo a franquia dos biscoitos Dunkin Donuts, a KFC de produtos de frango, e a Taco Bell, uma *fast-food* de comida mexicana.

2.2.7. *Shop in shop*

Essa expressão significa "loja na loja". Nessa franquia uma empresa, franqueada ou não, permite a instalação de uma minifranquia em seu estabelecimento. Aconteceu essa operação quando uma choperia autorizou uma franquia de churrasquinhos que instalou um quiosque no salão, para vender churrasquinhos. A prática foi bem-sucedida e animou a choperia a conceder autorização a uma minifranquia de floricultura para instalar pequena banca no recinto dela para vender flores.

O resultado dessa associação empresarial é chamado de sinergia: uma força resultante da união de duas forças, como valor superior aos valores das duas forças que a compõem; é simbolizada na equação: 2 + 2 = 5 ou 6.

2.2.8. *Minifranquia*

É formada de pequenas unidades, como carrinhos, quiosques, barracas, contêineres, sem ter ponto próprio. Instalam-se numa loja ou restaurantes, hipermercado, magazines, hotéis. Por exemplo: muitas cadeias de hotéis têm uma pequena joalheria (como a H. Stern), que não é sua, mas franqueada. É bem parecida com a franquia *shop in shop*, mas esta é mais uma unidade individual e não franquia.

2.3. Quanto à atuação geográfica

2.3.1. *Unitária*

É a que está sendo praticada pelos Correios. O franqueador, neste caso o Poder Público, por meio da EBCT – Empresa Brasileira de Correios e Telégrafos, licencia e cede o direito de implantação e operação ao franqueado. O franqueador exige uma unidade específica num determinado local e com exclusividade. Também é praticada pelas casas lotéricas.

2.3.2. *Múltipla*

É o oposto da unitária. O franqueado opera a rede própria, opera com várias franquias unitárias, que serão exercidas harmoniosamente. Haverá, portanto, um franqueado e diversos franqueadores, que deverão estar concordes com essa associação de franquias. É um tipo delicado de franquia, devendo exigir controle rígido de todos os partícipes para que não se perca a unidade e uniformidade de ação.

2.3.3. *Regional*

O franqueado passa a contar com região determinada em que vai atuar, tendo a faculdade de montar vários estabelecimentos nesta região delimitada, vale dizer, poderá ter vários pontos de venda. Poderá formar parcerias com outros franqueados nesses pontos de venda.

2.4. De desenvolvimento de área

É parecida com a anterior, mas o contrato é celebrado pelo franqueador principal com o franqueado do franqueado.

2.4.1. *Máster franquia*

Esse tipo de franquia é chamado também de **subfranquia**, e o franqueador de **subfranqueador** e o franqueado de **subfranqueado**. Aliás, o artigo 9º da Lei 8.955/94 fala a este respeito:

Para os fins desta Lei, o termo franqueador, quando utilizado em qualquer de seus dispositivos, serve também para designar o subfranqueador, da mesma forma que as disposições que se refiram ao franqueado aplicam-se ao subfranqueado.

É um desdobramento da franquia, do franqueador para o subfranqueado, que será um máster franqueado; ocupa-se em exercer a franquia em determinado território por meio de uma rede de unidades, que será subfranqueada. É aplicado mais na área internacional, como as franquias mundiais, do tipo *fast-food*; esta franqueadora teria dificuldades em manter contrato e contatos com os franqueados de todo o Brasil ou de todo o mundo. Prefere então manter um máster franqueador, que se encarregará das centenas de franquias individuais.

O máster franqueado atua como franqueador no Brasil perante os franqueados, de tal maneira que não há relacionamento direto entre o franqueador e os franqueados, mas uma relação trilateral. O subfranqueador não explora diretamente a marca.

Embora a máster franquia possa ser aplicada na área nacional, é principalmente na aplicação internacional, resultando do próprio gigantismo adquirido pelas franquias bem-sucedidas, como as de vestuário e as americanas de *fast-food*. Vamos tomar como exemplo a rede de lojas de roupa Zara, criada na Espanha e de lá se ampliou aos países da Europa e já está com diversas lojas no Brasil. Neste passo, esta franquia estará com milhares de lojas no mundo inteiro. Não daria para ela manter diretamente os contratos de Madri com o mundo. A solução seria a descentralização, transformando-se num máster franqueador, sediado em Madri, e criando um máster franqueado em cada país.

O máster franqueado no Brasil, por exemplo, irá se transformar num subfranqueador e manterá contratos com os franqueados brasileiros, o que facilitará o relacionamento de todos. Nem o máster franqueador, nem o máster franqueado deverão ter lojas próprias. É celebrado contrato de máster franquia entre o máster franqueador (de Madri) e o máster franqueado (do Brasil), pelo qual o primeiro transfere ao segundo a tecnologia de trabalho, o

know-how, a marca, os desenhos dos produtos e outros elementos de propriedade intelectual de titularidade do máster franqueador, para que este os transfira aos franqueados brasileiros. Haverá então dois contratos, a saber:
1. O de máster franquia entre o máster franqueador e o máster franqueado, chamado também de contrato pai.
2. O do máster franqueado e os franqueados, chamado de contrato filho.

2.5. Quanto à remuneração

2.5.1. *Mista*

É a franquia em que se integram várias delas como acontece na área de *fast-food*, em que os produtos são fabricados e distribuídos.

2.5.2. *Pura*

O franqueador não atua como fornecedor e não recebe nenhum tipo de remuneração sobre o fornecimento de terceiros. A rentabilidade do franqueador vem dos *royalties* e das taxas de franquia pagas pelos franqueados. Acontece comumente na área de serviços e *fast-food*.

2.6. Franquias inovadoras

No mundo moderno a franquia tem sido a inspiradora de numerosos contratos e práticas que se afastam um pouco dos padrões costumeiros. Não observam as características básicas desse instituto, mas conservam grande parte das características originais, que definem as novas práticas como novas franquias. Iremos citar algumas. Elas podem ser enquadradas nos três tipos já citados, de acordo com a atuação geográfica, tipos de remuneração, espécie de produtos e outros fatores que influem na caracterização da franquia.

2.6.1. *Social*

Surgido recentemente, este tipo de franquia oferta na prestação de serviços à coletividade, em atividades sociais, culturais ou humanitárias. Entidades voltadas a prestar benefícios a pessoas necessitadas, incluindo-se o próprio Poder Público, transferem tecnologia, experiências e técnicas a empresas ou entidades beneficentes, para serviços à comunidade. Como exemplo, podemos citar os projetos Casa da Criança e Criança é Vida, que exercem atividades em rede.

Outro exemplo importante é o da Fundação Projeto Pescar, em que o franqueador é o Governo Federal e concede franquia social a empresas e entidades públicas e privadas para preparar jovem para o mercado de trabalho.

Essa franquia inspirou-se no trabalho da ONU – Organização das Nações Unidas, por meio de seu órgão, a UNESCO, para prestar serviços à infância em todo o mundo.

3. PARTES CONTRATANTES

3.1. Bilateralidade do contrato
3.2. Franqueador
3.3. Franqueado

3.1. Bilateralidade do contrato

Como contrato bilateral, a franquia tem duas partes plenamente definidas e com vasta gama de direitos e obrigações, previstos no próprio contrato e na doutrina jurídica já elaborada. Essas partes são o **franqueador** e o **franqueado**.

3.2. Franqueador

O franqueador é o detentor dos direitos de exclusividade das marcas, nome de produtos, sistema de produção e comercialização, expressões ou sinais de propaganda, patentes, dos direitos de distribuição exclusiva ou semiexclusiva desses produtos, marcas e patentes, logotipo, *know-how*, aplicados na linha completa de produtos e serviços fornecidos e distribuídos. O franqueador detém ainda experiência na produção e comercialização de produtos e na prestação de serviços, adicionando tecnologia em todo o processo. É detentor de sistema operacional e administrativo, métodos de trabalho, projeto de instalações e capacidade de dar assistência técnica e assessoria, manuais de operação. Todos esses e possíveis outros elementos de propriedade intelectual poderão ser concedidos ao franqueado. É também chamado de concedente, pois ele pessoalmente não aciona esses direitos, mas os concede temporariamente a outras empresas para uso e aplicação.

Não se dedica a atividades operacionais, mas à pesquisa, ao desenvolvimento de produtos, à criatividade. Divulga de forma bem ampla suas marcas e a boa qualidade de seus produtos. Assim fazendo, valoriza o serviço que ofertará. O franqueador (internacionalmente *franchisor*) desenvolve toda uma tecnologia a ser usada por outrem.

É uma empresa mercantil, tanto que a Lei 8.955/94 dá a essa atividade o nome de **franquia empresarial**. Se essa empresa é detentora de direitos de propriedade industrial, direitos esses próprios de um ramo do Direito Empresarial, denominado Direito da Propriedade Industrial, só poderia ser empresa mercantil. Além disso, a atividade exercida pelo franqueador é tipicamente empresarial: essa empresa exerce atividade econômica organizada, para a produção e venda de mercadorias. Seu objetivo é a satisfação do mercado consumidor de mercadorias. É bem frisante a mercantilidade do seu objeto social. É o tipo de sociedade que nosso novo Código Civil chama de **sociedade empresária**.

Os atos que pratica se encadeiam para formar atividade econômica organizada com vistas à lucratividade e à produção de bens necessários à satisfação do mercado consumidor. É o que a lei fala em atividade econômica organizada, típica da empresa.

Há uma dúvida quanto à natureza do franqueador como pessoa: terá que ser uma empresa coletiva ou poderá ser empresa individual. Devemos antes esclarecer que, no nosso ponto de vista, vemos diferença entre *pessoa física*, ou, como diz nosso Código Civil, *pessoa natural* e *pessoa jurídica* quando se tratar de empresa individual. Uma pessoa natural que quiser se constituir como empresa deverá registrar-se na Junta Comercial e receberá certidão desse registro. É outra pessoa, tanto que terá duas certidões: uma emitida pelo Cartório de Registro Civil de Pessoas Jurídicas e outra pela Junta Comercial. São, portanto, duas pessoas; sobre isso falaremos diversas vezes.

Não se vê empecilhos legais para que o franqueador (*franchisor*) seja uma empresa individual, como acontece nas grifes francesas e italianas. Por exemplo: o senhor Pierre Cardin registra-se como empresa, que terá o seu nome e concederá franquia de seu nome e seus produtos. Assim acontece também com Chistian Lacroix, Chistian Dior, Louis Vuiton, Ninna Ricci, Calvin Klein, Guy Laroche, Yves Saint Laurent, como também com as grifes italianas Ermenegido Zegna, Roberto Cavalli, Benetton, Salvatore Ferragamo, Gianni Versace, Giorgio Armani. Certo é, todavia, que o franqueador jamais será pessoa física, mas sempre pessoa jurídica, ainda que pessoa jurídica individual. Em sua absoluta maioria, portanto, o franqueador é empresa coletiva, normalmente sociedade limitada, e, às vezes, sociedade anônima.

3.3. Franqueado

O franqueado (*franchisee*) é uma empresa individual ou coletiva, a quem será feita a concessão para o uso das marcas, produtos e de toda tecnologia criada pelo franqueador.

Ocupar-se-á das atividades operacionais, ou seja, da produção e colocação dos produtos nas mãos do consumidor. É também chamado de licenciado, por receber licença do franqueador para a utilização do nome, marcas e toda a tecnologia de comercialização; é o adquirente temporário dos direitos.

É conveniente citar que apenas contratos empresariais unem as duas partes. Não há relação de dependência, ou seja, o franqueado não pode ser empregado do franqueador. Devem ser duas empresas independentes, mas atuando como sócios de um empreendimento.

Chamado, no plano internacional, de *franchisee*, o franqueado pode ser considerado um varejista, o distribuidor dos produtos liberados pelo franqueador. Não é pessoa natural, mas jurídica, ou seja, uma empresa, que poderá ser empresa individual, devidamente registrada na Junta Comercial. É, portanto, empresa mercantil individual. Sendo empresa individual, a morte do empresário significa sua extinção, sem que se obrigue o franqueador a seguir a sucessão, a menos que conste do contrato.

É possível que o nome empresarial não seja idêntico ao da firma (empresa individual). Nesse caso, poderá ser mantido o nome do estabelecimento com a mudança do nome da firma, ainda mais que o nome do estabelecimento é o do franqueador. Por exemplo: uma franquia Burger King é concedida à empresa individual Júlio de Abreu Diniz, mas este morre e seu estabelecimento ficará para seu filho Douglas Ribeiro Diniz. O nome do estabelecimento será o do franqueador, vale dizer, Burger King, que pertencerá à firma que surgirá: Douglas Ribeiro Diniz: esta é a nova franqueada, que receberá a Oferta de Franquia e iniciará o processo de aceitação.

É conveniente citar, porém, que a maioria dos franqueadores não aceita empresas individuais, mas somente empresas coletivas, geralmente sob a forma de sociedade limitada, que é o tipo societário mais útil para esse caso. No exemplo retrocitado, teria sido mais fácil o senhor Júlio de Abreu Diniz ter formado uma sociedade limitada com seu filho Douglas Ribeiro Diniz. Se ele morrer, a empresa continuaria normalmente e também a franquia, ficando a cargo do sócio remanescente promover a inclusão de novo sócio, para substituir o falecido: o contrato de franquia celebrado com empresa individual seria *intuitus personae* e cessaria com sua morte. Sendo sociedade limitada, a solução será bem mais fácil, e a franquia não sofreria solução de continuidade.

4. DIREITOS E OBRIGAÇÕES DO FRANQUEADOR

4.1. Complexo de responsabilidades
4.2. Direitos do franqueador
    4.2.1. Recebimento da remuneração
    4.2.2. Supervisão do franqueado
    4.2.3. Recebimento de informações
    4.2.4. Escolha dos franqueados
4.3. Obrigações do franqueador
    4.3.1. Fornecimento de tecnologia
    4.3.2. Treinamento de pessoal
    4.3.3. Propaganda e publicidade
    4.3.4. Pesquisas
    4.3.5. Garantia de exclusividade
    4.3.6. Assistência contínua
    4.3.7. COF – Circular de Oferta de Franquia
    4.3.8. Manutenção das condições contratuais

4.1. Complexo de responsabilidades

O contrato de franquia é um **contrato de obrigações recíprocas**, que alguns chamam de bilateral; é o contrato que gera obrigações e direitos para ambas as partes envolvidas nele: franqueador e franqueado. A cada obrigação de uma parte corresponderá um direito da outra. Se o franqueador tem uma obrigação para com o franqueado, este terá o direito correspondente: o de exigir do franqueador o cumprimento dessa obrigação. Esse complexo de responsabilidades é bem vasto e complexo, causado pela própria complexidade das atividades da franquia. Há deveres previstos em lei e outros no contrato.

4.2. Direitos do franqueador

4.2.1. *Recebimento da remuneração*

O direito primordial do franqueador é, como não poderia deixar de ser, o de receber a remuneração pelos serviços prestados ao franqueado. Essa remuneração é devida por várias prestações, sendo a principal a de *royalties* pelo uso da tecnologia pelo franqueado. Geralmente é uma porcentagem sobre o faturamento mensal do franqueado. Em outros casos, há também a taxa de franquia, um pagamento fixo quando da celebração do contrato;

essa taxa é também chamada *cânon* do contrato, ou taxa de filiação. O *quantum debeatur* é estipulado no contrato e informado previamente ao fraqueado na COF – Circular de Oferta de Franquia.

4.2.2. *Supervisão do franqueado*

Cabe ao franqueador o direito de exercer a supervisão das atividades do franqueado, como autêntica auditoria operacional. Essa supervisão vai averiguar se as normas contidas nos manuais de operação estão sendo seguidas, com observação dos métodos de trabalho, se eles estão sendo aplicados de acordo com o programa traçado, se os funcionários estavam devidamente treinados e executando suas tarefas de acordo com o treinamento recebido. Verificará as instalações e seu estado de conservação.

Especialmente importante é a qualidade dos produtos e dos serviços e se estão mantidos dentro dos padrões uniformes da franquia, mantendo assim a preferência do público pelos produtos, promovendo o nome e a marca do franqueador perante a coletividade. Inclui-se também a observância da fidelidade a que se comprometeu o franqueado; o franqueador verificará se o imóvel do estabelecimento está sendo utilizado somente para atividade pactuada no contrato de franquia e se as instalações não sofreram modificações sem a anuência do franqueador.

4.2.3. *Recebimento de informações*

O franqueador poderá exigir do franqueado relatórios e informações sobre suas atividades, sobre o andamento dos negócios, faturamento e aceitação dos produtos e demais informes que orientem o franqueador.

4.2.4. *Escolha dos franqueados*

A seleção dos franqueados será tarefa do franqueador. Será dele a escolha de quem será seu franqueado, ainda que seja ele obrigado a fornecer aos interessados à franquia todas as informações sobre ela. Sua parte contratante deve ser pessoa de sua confiança, e, portanto, ele tem o direito de exigir requisitos básicos para a aceitação dela como cliente.

4.3. Obrigações do franqueador

4.3.1. *Fornecimento de tecnologia*

Este é o primeiro dever do franqueador: fornecer a tecnologia de trabalho detida por ele, para que possa ser utilizada pelo franqueado em seu negócio. Essa tecnologia é bem variada, incluindo o licenciamento do nome, marca, logotipo, nome dos produtos, métodos de trabalho, *know-how*, projeto de instalações, manuais de instruções. Essa tecnologia deverá ser renovada e aprimorada pelo franqueador, e transmitida ao franqueado.

Embora se fale em cessão de tecnologia, não é cessão, pois esta é definitiva. A tecnologia é transferida ao franqueado apenas temporariamente, razão pela qual o nome certo será licenciamento ou concessão. Essa transferência de tecnologia inclui o usufruto e uso dela, com a produção e venda dos produtos no estabelecimento do franqueado, nos termos dos manuais de operações que o franqueador deverá entregar ao franqueado.

O franqueador se responsabiliza pela qualidade e eficácia da franquia fornecida; ele entrega ao franqueado um pacote pronto, por ele elaborado, que o franqueado deverá seguir sem discussão. É, portanto, uma franquia já formatada, e por ela o franqueador se compromete de tal maneira que o franqueado possa ter confiança no sucesso de sua escolha.

4.3.2. *Treinamento de pessoal*

O franqueador concederá ao funcionalismo do franqueado completo treinamento para a execução das tarefas franqueadas, preparando-os e entregando-os aptos para o trabalho. Fará também constante reciclagem do pessoal do franqueado, ensinando-lhe novas tecnologias, com métodos de trabalho renovados. Transmite assim à equipe operacional do franqueado a capacidade técnica, administrativa e operacional, para o eficiente exercício de suas tarefas.

4.3.3. *Propaganda e publicidade*

A promoção do nome e dos produtos da franquia fica a cargo do franqueador, que fará a publicidade da franquia e as promoções para esse fim. É atribuição das mais importantes, pois a publicidade é condição essencial desse tipo de atividade, envolvendo enormes somas de investimento. Bastaria ver, por exemplo, a intensa propaganda do McDonald's no mundo inteiro, ou então da Benetton, que chegou a patrocinar corridas de Fórmula 1.

A propaganda e publicidade representam a promoção da marca e dos produtos, e da proteção à imagem deles, que caberá ao franqueador, embora essa função possa ser dividida com o franqueado. Às vezes, essa promoção é específica ao território de atuação do representado. Por exemplo: poderão ser colocados em via pública cartazes, *outdoors* ou placas indicativas do endereço do franqueado. Nesse caso, será a expensas do franqueado, que deverá, porém, contar com a aprovação do franqueador.

4.3.4. *Pesquisas*

O franqueador realizará, de forma constante, a pesquisa do mercado, procurando averiguar a aceitação de seus produtos e de sua concorrência. Criará novos produtos para alargar a oferta; examinará a razão da queda nas vendas dos produtos adotados. Aprimorará métodos de trabalho que se tornaram antiquados, bem como os instrumentos e utensílios, aperfeiçoando-os.

4.3.5. *Garantia de exclusividade*

A exclusividade do franqueado no território de sua atuação é condição *sine qua non* da franquia e deve ser concedida e mantida pelo franqueador. É fator de segurança da franquia e precisa ser defendido por ambas as partes, impedindo que outro franqueado se instale na área delimitada.

4.3.6. *Assistência contínua*

Da mesma forma como assiste o direito de o franqueador supervisionar as atividades do franqueado, corresponderá também a obrigação de lhe dar ampla e contínua assistência técnica, mercadológica e psicológica. A assistência se fará com visitas periódicas e métodos de treinamento de pessoal para melhoria do desempenho nas funções, com seminários, reuniões, circulares, troca de informações. Examinará o manuseio correto dos equipamentos, o uso da matéria-prima, o atendimento do público, a observância dos métodos de trabalho e outras funções, corrigindo as distorções.

4.3.7. *COF – Circular de Oferta de Franquia*

É um dever do franqueador, imposto pela Lei 8.955/94, embora seja prática universal, adotada nos EUA e demais países. Enquadra-se na obrigação do franqueador em prestar ao seu futuro franqueado todas as informações sobre a franquia, de tal maneira que o franqueado não possa depois alegar que tenha sido enganado. Sobre essa circular faremos adiante ampla exposição.

4.3.8. *Manutenção das condições contratuais*

O franqueador obriga-se a manter o preço dos produtos e a somente modificá-lo em comum acordo com os franqueados. É sabido que o preço dos produtos distribuídos pelos franqueados é estabelecido pelo franqueador e se mantém uniforme para todos dentro de um território, como, por exemplo, no Estado de São Paulo.

5. DIREITOS E OBRIGAÇÕES DO FRANQUEADO

5.1. Conjunto de direitos do franqueado
    5.1.1. Uso da tecnologia do franqueador
    5.1.2. Comercialização dos produtos
    5.1.3. Exclusividade de área
    5.1.4. Disposição da franquia
    5.1.5. Segurança de suprimento
5.2. Obrigações do franqueado
    5.2.1. Gama de obrigações
    5.2.2. Pagamento da remuneração
    5.2.3. Fidelidade à tecnologia
    5.2.4. Contabilidade uniforme
    5.2.5. Aquisição dirigida de insumos
    5.2.6. Sigilo
    5.2.7. Ciclo de informações

5.1. Conjunto de direitos do franqueado

Cabe também ao franqueado assumir muitas obrigações e adquirir muitos direitos pela franquia, que passaremos a expor. Comecemos pelos direitos.

5.1.1. *Uso da tecnologia do franqueador*

Desfrutar a tecnologia criada e desenvolvida pelo franqueador e concedida por este ao franqueado é o primeiro direito que lhe assiste. Ele poderá produzir e vender os produtos da franquia, utilizando os métodos de trabalho que lhe são transmitidos, e desfrutar os direitos de propriedade industrial, como marcas, logotipos, nome dos produtos, *know-how*, métodos de gestão, conhecimentos adquiridos pelo franqueado e seus funcionários. Inclui-se ainda o sistema de contabilidade desenvolvido e esquematizado pelo franqueador.

5.1.2. *Comercialização dos produtos*

É o direito de o franqueado produzir e vender todos os produtos do franqueador, sem sofrer quebra do elenco; se um produto for retirado da linha, deverá ser reposto por outro correspondente, de tal forma que não haja diminuição da força de venda.

5.1.3. *Exclusividade de área*
O franqueado tem o direito concedido pelo franqueador de atuar sem concorrência dentro de determinada área, em que não poderá atuar outro franqueado. Trata-se de uma garantia para que este possa atuar com segurança e livre de sobressaltos.

5.1.4. *Disposição da franquia*
O franqueado tem livre disposição da franquia, podendo vendê-la ou doá-la, se não lhe interessar mais o negócio. Como o franqueado é geralmente uma empresa na forma societária de sociedade limitada, ele poderá vender não a franquia, mas suas quotas na sociedade, retirando-se do negócio. É liberdade concedida ao franqueado, para que ele não fique encalacrado a uma atividade em que se sente prejudicado.

5.1.5. *Segurança de suprimento*
Deve ser assegurado ao franqueado a regularidade e segurança no suprimento de insumos e outros bens necessários à atividade, como equipamentos e instalações, com manutenção do preço e demais condições de compra. É bom lembrar que o franqueado não tem plena liberdade na escolha de seus fornecedores, sendo obrigado a se servir apenas de alguns indicados pelo franqueador. Por esta razão, é responsabilidade do franqueador garantir suprimento de tudo o que for necessário à atividade do franqueado, pois ele ficaria em situação precária.

Vejamos, por exemplo, a situação de um franqueado McDonald's a quem um dia falte o pão ou a carne para os hambúrgueres: ele ficaria paralisado; não poderia pedir pão numa padaria vizinha ou a carne no açougue da esquina. Ou, então, se for aumentado o preço do pão ou da carne; ficaria comprometido o lucro previsto do franqueado.

5.2. Obrigações do franqueado

5.2.1. *Gama de obrigações*
À gama de direitos do franqueado, enumerados anteriormente, corresponde gama ainda maior de obrigações para com o franqueador. Essas obrigações devem ser seguidas à risca para a sobrevivência da franquia e a inobservância delas pode abalar a uniformidade das operações franqueadas. Naturalmente, existem as obrigações mais elevadas, ou seja, os verdadeiros princípios que norteiam todos os contratos, que herdamos do direito romano. Esses princípios obrigatórios devem ser seguidos pelo franqueado, como também cabem ao franqueador, e a qualquer parte de um contrato. São os princípios éticos, como o da boa-fé, do respeito mútuo, da transparência, da lealdade, que, aliás, constam de nossas leis. Tenha-se em mente o velho brocardo romano: *pacta sunt servanda* = Os acordos são para serem cumpridos. Vejamos os mais sugestivos.

5.2.2. *Pagamento da remuneração*
A primeira obrigação do franqueado é remunerar o franqueador pelo fornecimento da tecnologia por este elaborada. O franqueador cede, a título oneroso, um pacote pronto, de avançada tecnologia, com marca conhecida e consagrada. O franqueado adquiriu o direito de produzir e vender produtos patenteados, *know-how*, e outros *direitos de propriedade industrial* (como são chamados pela Lei de Patentes) e deve pagar por eles.

O sistema de remuneração é variável de uma franquia para outra; não uniforme. Normalmente, na celebração do contrato, o franqueado paga a *taxa de franquia*, um fixo pelo início da cessão. Deve ainda pagar os outros tipos de remuneração, como a por centagem sobre o faturamento.

5.2.3. *Fidelidade à tecnologia*
O franqueado recebe a franquia formatada, que deve ficar intocável, a não ser que seja modificada por iniciativa do franqueador. Ele deve obedecer aos manuais de normas e instruções

que lhe são fornecidos pelo franqueador. Não poderá modificar os produtos da franquia, nem adotar outros que não façam parte dela. Não deve admitir empregados sem que estes passem antes pelo treinamento dado pelo franqueador e estes devem usar os uniformes-padrão.

5.2.4. *Contabilidade uniforme*

O franqueado obriga-se a adotar o sistema de contabilidade criado e desenvolvido pelo franqueador e imposto a todos os franqueados, ficando uniformizada. Essa uniformidade facilita a inspeção realizada periodicamente pelo franqueador. Essa obrigação é, na verdade, benéfica ao franqueado, pois é mais prática e adaptada para o tipo de atividade exercida por ele.

5.2.5. *Aquisição dirigida de insumos*

Não há também liberdade do franqueado na escolha de seus fornecedores; estes são estabelecidos pelo franqueador. Começa pelas instalações, que serão padronizadas para serem iguais a todos os franqueados. Igualmente os insumos utilizados na produção dos artigos vendidos; esses insumos são fornecidos pelo próprio franqueador ou por um fornecedor nomeado por ele.

5.2.6. *Sigilo*

O franqueado deverá guardar sigilo a respeito da tecnologia utilizada no seu trabalho, como métodos, processos, produção, *know-how* e outros segredos de fábrica, como assim os denomina a Lei de Patentes.

5.2.7. *Ciclo de informações*

Não há sigilo, entretanto, do franqueado ao franqueador. Precisará fazer relatório sobre suas atividades, as queixas recebidas da clientela, a movimentação de venda dos produtos e poderá fazer propostas para melhorar a franquia.

6. ORIGEM DA ATIVIDADE

6.1. O início
6.2. O modelo McDonald's
6.3. Bases do sistema

6.1. O início

A franquia é uma criação do mundo moderno, mais precisamente do pós-guerra (1939-1945). Surgiu nos EUA e lá se implantou, propagando-se pelo mundo. Ao que consta, a principal causa foi a existência de uma legião de desempregados, mormente de soldados que retornavam da II Grande Guerra e posteriormente das guerras da Coreia e do Vietnã. A franquia ofereceu a eles a oportunidade de montarem seu negócio próprio.

O marco inicial da franquia é tomado na cidade de San Bernardino, na Califórnia. Lá havia uma lanchonete com o nome de seu dono, McDonald's. Crescendo o movimento, o nome e o sistema de trabalho foram sendo concedidos para outros estados, e, hoje, está espalhado esse nome em todos os continentes, inclusive na China. Esse marco inicial é apenas convencional. Embora a expressão "*franchising*" seja nova, práticas semelhantes devem ter ocorrido em muitos lugares e com bastante antecedência. Ao que consta, o contrato foi criado na França na primeira metade do século passado. Consta ainda que no século passado, na Bahia, um produtor de calçados, de marca Stella, criou uma cadeia de lojas independentes em muitas cidades do Nordeste, utilizando um sistema típico de "*franchising*".

Por volta de 1860, a grande empresa de máquinas de costura "Singer Sewing Machine" deu concessão a milhares de pessoas nos EUA e em muitas cidades espalhadas pelo mundo para utilizarem o nome "Singer", seu logotipo, venderem máquinas de costura com essa marca, prestarem assistência técnica, venderem peças avulsas e ministrarem cursos para a produção de roupas utilizando as máquinas de sua distribuição. Esse sistema ainda permanece. Foi a aplicação de um contrato bem parecido com o da atual franquia.

O contrato de concessão, adotado pela "General Motors" em 1899 e depois pelas demais montadoras de automóveis dos EUA a suas concessionárias, tem muitas características do contrato de franquia. Igualmente o contrato mantido entre distribuidoras de combustíveis e os chamados "postos de gasolina". Esses dois tipos de contratos são bem antigos e vulgarizados, com caracteres bem próximos aos do contrato de franquia. Talvez tenham sido o embrião dessa nova figura contratual. O sistema de produção e distribuição da Coca-Cola em 1898 obedece ainda a critérios semelhantes aos adotados pela franquia.

6.2. O modelo McDonald's

A McDonald's começou antes da guerra, quando dois irmãos Dick e Mac Donald começaram a vender cachorro-quente numa barraca em Arcádia, no Estado da Califórnia, à qual deram o nome de AIRDOME. Três anos depois, mudaram-se para San Bernardino, uma cidade maior, nas proximidades. Em vez de barraca já era um restaurante e apresentaram variações no cardápio. Os garçons atendiam sob patins, com os clientes nos automóveis.

Partiram daí para a caracterização do sistema de trabalho, a produção em larga escala, com produtos fáceis e rápidos, evitando espera pelos fregueses. Com esses métodos práticos de trabalho, conseguiam preço mais compensador para seus produtos, tendo como carro-forte os hambúrgueres e as batatinhas fritas. Foi o chamado Sistema de Serviço Rápido, que redundou em sucesso marcante. O movimento ultrapassava a capacidade de atendimento e se revelou o interesse de se montar outros pontos de venda, inclusive fora de San Bernardino.

Assim é que foi aberta uma lanchonete em Phoenix, no Arizona, e no mesmo ano outra em Downey, na Califórnia. Ambas, porém, com dono próprio no sistema de franquia. Trabalhavam com os métodos da McDonald's, vendendo os mesmos produtos e pagando *royalties* para o criador do sistema. Muitas outras lanchonetes foram abertas em várias cidades, todas com a marca McDonald's, espalhando-se por todo o país, alastrando a franquia.

Ao mesmo tempo, outras empresas de franquia copiaram a McDonald's, com os mesmos métodos de trabalho e produtos semelhantes, mas com nomes diferentes, como a Burger King, que já opera em São Paulo. Outras, com produtos diferentes, foram lançadas, mas no sistema de franquia, como a Taco Bell, de produtos mexicanos, e a KFC, especializada em produtos com carne de frango. Ambas tentaram o Brasil, mas sem sucesso. Os brasileiros não apreciam tanto a carne de frango, dando preferência à carne bovina, ao contrário da preferência dos norte-americanos. Os produtos mexicanos são mais demorados e mais caros, o que dificultou o sucesso no Brasil.

Entretanto, a empresa franqueadora só surgiu em 1955: a McDonald's Systems, Inc. Daí para diante, a McDonald's não possui mais lojas, detendo apenas a propriedade industrial: a marca, os produtos, os métodos de trabalho, o treinamento do pessoal, a assistência técnica e outros elementos tecnológicos.

Em 1967 instalou-se no Canadá, em 1971 no Japão e na Holanda, começando a espalhar-se pelo mundo. Em 1979 veio ao Brasil, montando a primeira loja no Rio de Janeiro e logo em seguida em São Paulo, na Avenida Paulista. Hoje está no mundo inteiro com extraordinário movimento.

6.3. Bases do sistema

Da experiência mundial, a McDonald's levantou as constantes, que constituem verdadeiros princípios da franquia. Vejamos as constantes reveladas pela McDonald's:

1. Os produtos comercializados pela McDonald's são em série e em grandes quantidades; quanto mais vender, mais eficaz se tornará a atividade.
2. A produção deve ser mecanizada, racionalizada e facilitada, para que sejam produtos a baixo preço.
3. A franqueadora se encarrega das pesquisas sobre a preferência do público, criação de novos produtos ou modificação dos existentes, com a colaboração dos franqueados.
4. Todas as lojas franqueadas deverão trabalhar de modo uniforme, usando o mesmo método de trabalho, os mesmos equipamentos, instalações uniformizadas, com empregados-padrão, usando o mesmo uniforme de trabalho. Para manter essa uniformidade, a franqueadora realizará cursos de treinamento para os funcionários e manterá um manual de operações que orientará todos os franqueados.
5. Ainda no sentido de manter a uniformidade, a McDonald's fornece o uniforme, o maquinário, alguns ingredientes do produto, como o pão e o hambúrguer, geralmente por fornecedores indicados e aprovados pela franqueadora.
6. A franqueadora dará ampla assistência técnica e fará constante auditoria nas franqueadas, no sentido de manter a obediência às normas e à uniformidade.
7. A propaganda fica por conta da McDonald's, por ser universal. Contudo, poderá a franqueada fazer propaganda em seu proveito dentro de sua área de atuação, mas com aprovação da franqueadora.
8. A McDonald's e a franqueada são pessoas jurídicas distintas, não podendo haver ligação societária, consórcios, coligação entre elas. O relacionamento entre elas é de acordo com o contrato de franquia.
9. Os produtos fornecidos pela franqueada devem ser produtos bem conhecidos, vulgarizados e com boa reputação.

7. AS LOUVÁVEIS VIRTUDES DA FRANQUIA

7.1. Razões do sucesso
7.2. Vantagens para o franqueador
    7.2.1. Fraco investimento
    7.2.2. Segurança e eficácia
    7.2.3. Penetração nos mercados
7.3. Vantagens para o franqueado
    7.3.1. Marca consagrada
    7.3.2. Aquisição de tecnologia
    7.3.3. Intensa propaganda
    7.3.4. Independência jurídica
    7.3.5. Fornecedores garantidos
    7.3.6. Área reservada

7.1. Razões do sucesso

Das principais razões do sucesso da franquia em todo o mundo ressalta-se o conjunto de louváveis virtudes, que fizeram dela um dos principais contratos empresariais da vida moderna. Achamos aqui as virtudes louváveis como as vantagens que ela traz a todos os interessados nela, como o franqueador, o franqueado, a clientela coberta pela franquia e outros que, de uma forma ou outra, lhe são ligados. A enorme importância que o contrato de franquia atingiu nos dias atuais decorre das vantagens que traz a ambas as partes e ao grande público consumidor. Por este último aspecto, tem encontrado apoio de órgãos públicos nos EUA e no Brasil. Vulgariza-se cada vez mais nas áreas de refeições rápidas (*fast-food*) como as redes de lanchonetes McDonald's, Bob's, KFC, Pizza Hut e várias outras, e na de comercialização de roupas, como das grifes Benetton, Fiorucci, Rhumel, Adidas, Ellus, Pierre Cardin.

7.2. Vantagens para o franqueador

7.2.1. *Fraco investimento*

Para o franqueador não haverá necessidade de grande investimento, pois as instalações da loja e sua organização caberão ao franqueado. O ativo imobilizado da McDonald's, por exemplo, é ínfimo em relação ao seu porte. Contudo, ela opera no mundo todo, com 2.000 lojas independentes, cada uma com patrimônio próprio.

A estrutura central do franqueador é mais reduzida; ele não necessitará de grande quadro de pessoal operacional. Entretanto, embora pequeno, seu quadro de pessoal será mais dispendioso por ser sofisticado, e, por isso, bem remunerado; exige-se dele alta dose de criatividade, como toda empresa criadora e fornecedora de tecnologia.

7.2.2. *Segurança e eficácia*

O franqueador não concede crédito, e, assim, não se arrisca à álea dos negócios. Se houver a falência de algum franqueado, ele pouco perde e, como exerce controle sobre os franqueados, inclusive fazendo-lhes auditorias, pode prever o futuro de seus parceiros e adotar medidas de defesa.

Conta ele com a lealdade e eficácia de seus parceiros. O franqueado, por ser o dono e interessado no negócio, atua com muito mais garra e eficácia nas suas atividades, do que se deixasse nas mãos de seus empregados; ele é o maior interessado no sucesso de seus negócios e em evitar sua derrocada.

7.2.3. *Penetração nos mercados*

O franqueador terá enorme facilidade de expansão de seus negócios, com rápida penetração nos mercados. Em breve tempo ele poderá espalhar-se pelo mundo, como aconteceu com a McDonald's, Ellus, Benetton, e as grifes francesas e italianas.

7.3. Vantagens para o franqueado

Para o lado do franqueado, não são poucas as vantagens que a franquia traz. Esta é a principal razão pela qual se multiplica no mundo inteiro o número de franqueados das mais variadas espécies pelo sucesso que o sistema vem garantindo a eles. Vejamos as principais.

7.3.1. *Marca consagrada*

O franqueado vai vender à sua clientela produtos de marca conhecida e consagrada, já testada no *merchandising*. Ele sabe de antemão que o público irá à procura de seus produtos desde o primeiro dia em que iniciar suas atividades. E são produtos exclusivos no território demarcado para ele. É o que acontece com a lanchonete McDonald's quando começa a operar numa cidade. Em São Paulo, num *shopping center*, instalou-se uma lanchonete Burger King e na primeira semana formaram-se filas enormes para adquirir seus produtos, deixando até sem movimento seu principal concorrente, a McDonald's.

7.3.2. *Aquisição de tecnologia*

É outro fator de enorme importância no sucesso do franqueado. Ele não precisa criar, testar e aperfeiçoar métodos de trabalho; recebe do franqueador o *know-how* (como fazer) e o treinamento necessário para a aplicação desses métodos. Seus funcionários serão também treinados para a assimilação dos métodos, de tal forma que o franqueado admite desde o início um funcionário apto. O franqueado supervisionará o trabalho de seus funcionários, mas não precisará treiná-los, vale dizer, ensiná-los a trabalhar.

Na instalação de sua loja o franqueado não precisará fazer um croqui, um planejamento, projeto, procura de fornecedores, orçamentos, cálculos e nem sairá à procura de instaladores. Receberá o projeto pronto de sua instalação, com todas as indicações, como o preço e o instalador, e terá ampla assessoria e orientação para tanto.

7.3.3. *Intensa propaganda*

O franqueador proporciona ao franqueado ampla propaganda, como foi o caso da Benetton, que chegou a patrocinar a Fórmula 1. O franqueado poderá também fazer propaganda local em benefício próprio; precisará, porém, da autorização do franqueador. É característica própria da franquia a propaganda massiva, ainda que os produtos sejam bem conhecidos; é o que demonstra a propaganda em âmbito internacional da McDonal's, apesar de ser ela por demais conhecida, bem como seus produtos.

7.3.4. *Independência jurídica*

O franqueado é o dono de seu negócio e suas atividades dependem dele. Há plena liberdade em sua ação. Ele é realmente manietado tecnicamente pelo franqueador, mas só sob o aspecto técnico: só pode trabalhar com os produtos do franqueador, seus funcionários devem usar uniforme autorizado por ele, o equipamento é o que está estabelecido; seus fornecedores já estão escolhidos, os métodos de treinamento serão os do franqueador; são questões de ordem técnica.

Todavia, ele é independente, admite e demite quem quiser, orça o salário de seus funcionários, independentemente da avaliação feita pelo franqueador, funciona no horário que quiser, pode empregar toda a sua família, admite como sócio quem quiser. Não tem de dar explicações ao franqueador sobre suas decisões, que não sejam de ordem técnica. Não assume responsabilidade pelos problemas do franqueador.

7.3.5. *Fornecedores garantidos*

A maioria dos fornecedores são indicados pelo franqueador. Essa designação parece restringir a iniciativa do franqueado; este poderia adquirir hambúrguer no açougue vizinho, e não do franqueador. Entretanto, com o quadro de fornecedores já estabelecido, o franqueado terá sempre o fornecimento das matérias-primas no momento necessário, com preço previamente conhecido. Ele recebe sempre o estoque necessário, sem excesso nem falta. Qualquer mudança nos insumos fornecidos lhe será comunicada com antecedência. O franqueado tem garantia e segurança contra falta de insumos básicos

7.3.6. *Área reservada*

O franqueado poderá exercer suas atividades no seu território sem temer concorrência direta, ou seja, de outro beneficiário da sua franquia. Assim sendo, ele poderá prever seu movimento, a época de pico ou de baixa, podendo dessa forma programar seus estoques e suas vendas.

8. O CONTRATO DE FRANQUIA EMPRESARIAL NA LEI BRASILEIRA

    8.1. A regulamentação
    8.2. Tipo de contrato
    8.3. A oferta de contrato

8.1. A regulamentação

Após longas lutas, as associações ligadas ao *franchising* conseguiram a regulamentação do contrato de franquia empresarial, pela Lei 8.955, de 15.12.94. Passou então o *franchising* a ser um contrato nominado (ou típico), com suas linhas básicas traçadas na lei brasileira, com o nome de "franquia empresarial". A ementa da lei, ou seja, o enunciado que consta no seu bojo, expõe sua finalidade: "dispõe sobre o contrato de franquia empresarial (*franchising*)". Interessante notar que essa lei usa um nome de idioma estrangeiro, malgrado as normas de nosso direito repelirem o uso de palavras ou expressões estranhas ao nosso vernáculo. Chamar este contrato de "*franchising*", por conseguinte, estará esse termo dentro de nossa lei. Esta lei utiliza ainda as expressões "*royalties*", "*layout*", "*know-how*", como ainda a palavra latina "*caput*", esta de emprego corrente na linguagem jurídica. Julgamos mais conveniente adotar "franquia", por ter a Lei 8.955/94 chamado as partes do contrato de "franqueador" e "franqueado".

Questão terminológica digna de encômios e merecedora de especial realce é a utilização de "empresa" ou de "empresa franqueadora" ao referir-se ao franqueador. Esta lei rompe o ranço do século passado, de que estava impregnado nosso antigo Direito Comercial e várias de nossas leis, como a antiga Lei Falimentar, ao aplicarem a medonha expressão "comerciante". O próprio nome com que batizou o contrato, "**franquia empresarial**", é altamente louvável, uma vez que, se esta lei tivesse sido promulgada alguns anos antes, chamar-se-ia "franquia comercial".

Procuraremos então interpretar a lei disciplinadora da "franquia empresarial", com base em nossos costumes atuais. O art. 2º traz-nos um conceito de contrato, apontando as duas partes intervenientes, incorporando tudo o que havíamos falado sobre o *franchising*, recolhidos no direito e nas práticas internacionais. Mesmo assim, vamos rememorar o que já tinha sido referido, interpretando o conceito do art. 2º:

> *Franquia empresarial é o sistema pelo qual o franqueador cede ao franqueado direito de uso de marca e patente, associado ao direito de distribuição exclusiva ou semiexclusiva de produtos ou serviços e, eventualmente, também o direito de tecnologia de implantação e administração de negócio ou sistema operacional desenvolvidos ou detidos pelo franqueador, mediante remuneração direta ou indireta, sem que, no entanto, fique caracterizado vínculo empregatício.*

Pedimos vênia para um reparo ao artigo acima exposto. Embora ele diga que o franqueador "cede", na verdade não cede, mas licencia. Ceder é transferência definitiva de direitos; entretanto, o franqueador transfere apenas temporariamente direitos ao franqueado.

Excelente definição foi dada pela lei, apresentando as considerações doutrinárias já feitas neste compêndio, quanto aos contratos internacionais. Procurou a lei não se afastar das práticas mercantis internacionais, mas será conveniente expor algumas facetas das disposições legais. As partes desse contrato chamam-se **franqueador** e **franqueado**, conforme já referido, e o nome completo é **franquia empresarial**. Trata-se de um contrato híbrido, complexo, com mistura de vários contratos. Pela natureza desses vários contratos integrantes da franquia empresarial, conclui-se que, dogmaticamente, a franquia empresarial está caracterizada como contrato de transferência de tecnologia. Pelo contrato de franquia empresarial, o franqueador cede ao franqueado um sistema, ou seja, uma tecnologia de trabalho. Julgamos mal aplicada a forma verbal "cede", uma vez que por "cessão" entende-se uma transferência definitiva, enquanto a franquia empresarial implica a cessão temporária, constituindo, pois, um "licenciamento".

Três tipos de contrato de licenciamento inserem-se no contrato de franquia empresarial:

1. Direito de uso de marca ou patente. O franqueado vai produzir e comerciar produtos com marca consagrada e divulgada. Tomaremos como exemplo preferido a rede de lanchonetes "McDonald's"; o franqueado trabalha com marcas como "Big Mac"; essas marcas são registradas no INPI – Instituto Nacional de Propriedade Industrial, para terem caráter de exclusividade. Várias patentes entram nesse licenciamento, como até mesmo a do uniforme a ser usado pelos funcionários do franqueado.
2. Direito de distribuição exclusiva ou semiexclusiva de produtos e serviços. Por esse contrato, o franqueado poderá vender os produtos patenteados, com exclusividade. É conveniente ressaltar que produtos franqueados são de venda passiva, ou seja, de forte comercialização.
3. Direito de uso de tecnologia de implantação de negócio ou sistema operacional. Refere-se aqui ao "*know-how*" do trabalho e da organização da empresa do franqueado desenvolvidos ou detidos pelo franqueador. Nesse "*know-how*" incluem-se um "*layout*" e padrões arquitetônicos nas instalações do franqueado, a utilização dos equipamentos, fórmulas de composição de insumos de fabricação, como, por exemplo, na fabricação de sorvetes, enfim o que chama o Código de Propriedade Industrial de "segredos de indústria".

Além dos três tipos de licenciamento, o franqueador assume a obrigação de dar assistência técnica ao franqueado e deste em aceitá-la. O franqueador fará a supervisão da sua rede de franqueados, com serviços de orientação e outros, auxílio na análise e escolha do ponto onde será instalado o estabelecimento do franqueado.

8.2. Tipo de contrato

Formalmente, o contrato de franquia empresarial é um contrato de adesão (ou por adesão, como preferem alguns). A lei em comentário chama-o de "contrato-padrão". Perante o direito italiano, o contrato de adesão, conforme é previsto no art. 1.332 do Código Civil italiano, é aquele que deva ser registrado e aprovado pelo Poder Público. Por outro lado, o art. 1.340 do mesmo código registra o "contrato celebrado mediante módulo ou formulário", em que as cláusulas são predispostas no módulo ou formulário para disciplinar determinadas relações jurídicas. Parece ter nossa lei seguido essa orientação, dando o nome de "contrato-padrão" ao que o direito italiano chama de contrato celebrado mediante módulo ou formulário. É um contrato de texto padronizado, às vezes já impresso, com cláusulas uniformes. Os claros são preenchidos com os dados particulares ao contrato, como o nome e a qualificação do franqueado e alguns valores em reais.

Sendo da modalidade do contrato de adesão, em que o franqueador impõe todas as cláusulas ou as rejeita em bloco, a lei impõe ao franqueador uma série imensa de obrigações. A oferta de contrato deve ser a mais minuciosa e clara possível para evitar que o franqueado possa ser induzido em erro. Cerca de 80% do texto da lei traz as obrigações do franqueador para a oferta. Sempre que o franqueador tiver interesse na implantação de sistema de franquia empresarial, deverá fornecer ao interessado em tornar-se franqueado uma Circular de Oferta de Franquia, por escrito e em linguagem clara e acessível, contendo uma série imensa de informações, modelo de contrato-padrão de franquia adotado pelo franqueador, com texto completo, inclusive dos respectivos anexos e prazo de validade.

Resumindo tudo o que foi explanado sobre o contrato de franquia empresarial, podemos considerá-lo como um contrato tipicamente empresarial, consensual, de prestação contínua, de prestações recíprocas, formal, complexo ou principal, nominado, oneroso. É tipicamente empresarial, por ser celebrado entre duas empresas, tanto que a lei o chama às vezes de franquia empresarial.

O fato de constar "nível de escolaridade" do franqueado significa que pode ser uma empresa individual, mas suas atividades são mercantis. É contrato consensual por aperfeiçoar-se pelo consenso das partes, não implicando a entrega de coisas para sua celebração. Não é contrato de prestação instantânea, mas continuada; pode ser por tempo indeterminado ou determinado, mas com prestações contínuas.

É do modelo que alguns chamam de bilateral ou sinalagmático, mas preferimos chamá-lo pela classificação italiana de contrato de prestações recíprocas. Cria ele obrigações para ambas as partes e de uma para com a outra, ou seja, o franqueador assume determinadas obrigações para com o franqueado e este as assume para com o franqueador. Há, portanto, um sinalágma, um equilíbrio entre as prestações recíprocas.

Por delinear a lei seus requisitos básicos, é um contrato formal. O formalismo previsto pela lei implica que seja por escrito e na presença de duas testemunhas. A adoção legal do contrato-padrão é um formalismo que o aproxima muito de um contrato de adesão. Antes mesmo da celebração do contrato, a oferta e aceitação dele processa-se de modo formal, devendo constar a oferta da Circular de Oferta de Franquia. Pelo menos em nosso País a lei reconhece nele um contrato formal.

Pode o contrato de franquia empresarial ser um contrato complexo, fundindo-se num único documento um complexo de contratos. É então um contrato em que o franqueador concede licença ao franqueado para utilizar o nome de fantasia, as marcas patentes, "*know-how*" e os direitos de propriedade industrial detidos pelo franqueador; integram-se ainda nele o contrato de serviços de treinamento a serem prestados pelo franqueador, a assistência técnica e outros serviços, bem diferentes um do outro. Cláusulas diversas sobre pagamento de publicidade, sobre fornecimento de equipamentos ou mesmo relacionamento com outras empresas, que assim se integram no contrato de franquia empresarial. Às vezes, o contrato de franquia empresarial é um contrato principal, entrando-se nele vários contratos acessórios, referentes aos serviços prestados; neste caso, o contrato de franquia é o principal.

Com a lei 8.955/94, passou a ser considerado um contrato nominado. Essa modalidade de contrato, também conhecido como "típico", não é apenas um contrato a que a lei dá um nome, mas ao qual a lei traça as linhas básicas. Neste aspecto, o contrato de franquia é ultranominado, bastante tipificado pela lei que lhe dá contornos bem definidos.

É finalmente um contrato oneroso, uma vez que provoca variação patrimonial de ambas as partes; as duas auferem lucros e, ao mesmo tempo, aplicam recursos em suas atividades. Como corolário dessa característica, o contrato é de prestações recíprocas, ou seja, as duas partes suportam gastos.

8.3. A oferta de contrato

Em primeiro lugar, deve o potencial franqueador dar a sua qualificação, para que o franqueado possa saber com quem está lidando: dará um histórico resumido, forma societária e nome completo ou razão social do franqueador e de todas as empresas a que esteja ligado, bem como o nome de fantasia e endereços. Fornecerá ainda balanço e demonstrações financeiras referentes aos dois últimos exercícios. Poderá, pois, ser a empresa franqueadora uma S.A. ou sociedade por cotas, bem como as outras formas societárias previstas no Código Comercial. O "nome de fantasia", a que se refere a lei, é o nome chamariz com que a empresa atrai sua clientela e se torna conhecida, como um "nome de guerra", um apelido. É o caso de "Mappin", que não é o nome da empresa que exerce atividade empresarial sob essa insígnia. Assim, "BOB'S" e "MCDONALD'S" são apenas emblemas e não o nome de empresa do franqueador.

Precisará dar a conhecer ao franqueado as pendências judiciais em que estejam envolvidos o franqueador, as empresas controladoras e titulares de marcas, patentes e direitos autorais relativos à operação, e seus subfranqueadores, questionando especificamente o sistema da franquia ou que possam diretamente vir a impossibilitar o funcionamento da franquia. A lei fala em "direitos autorais", expressão não muito precisa, por ser de significado muito amplo, designando também direitos sobre a produção artística e científica. Refere-se aqui especificamente a "direitos de propriedade industrial", previstos no Código de Propriedade Industrial, tais como marcas, patentes, invenção, modelo de utilidade, modelo industrial, expressão ou sinal de propaganda, ou o próprio nome de fantasia. São direitos com exigência de registro no INPI. A situação dos registros desses direitos deverá ser esclarecida ao franqueado, pois, se forem contestados, o colocará em situação de insegurança.

Para que o franqueado possa se situar como o tipo ideal de empresa franqueada, o franqueador deverá indicar o perfil do franqueado ideal no que se refere a experiência anterior, nível de escolaridade e outras características que deve ter, obrigatória ou preferencialmente, e os requisitos quanto ao envolvimento direto do franqueado na operação e na administração do negócio. Ao falar em nível de escolaridade, dá a impressão de que o franqueado poderá ser uma pessoa física. Em nosso parecer, o franqueado é uma empresa mercantil, porquanto não poderá produzir mercadorias e serviços e comercializá-los no mercado consumidor, se não estiver devidamente registrado na Junta Comercial. O sentido da lei é o de que poderá ser uma empresa mercantil, individual ou coletiva, ou seja, um empresário individual. Destarte, o franqueado poderá ser um empresário individual, registrando-se na Junta Comercial em nome próprio. Acham alguns que ele seja uma pessoa física, outros que seja uma empresa; nossa opinião é pela segunda hipótese.

Os compromissos financeiros do franqueado serão orçados pelo franqueador, a fim de que possa planejar suas finanças e não ser surpreendido com gastos que ultrapassem sua expectativa. A empresa franqueadora deverá fazer especificações quanto ao total estimado do investimento inicial necessário à aquisição, implantação e entrada em operação da franquia; valor da taxa inicial de filiação ou taxa de franquia e de caução, e valor estimado das instalações, equipamentos e do estoque inicial e suas condições de pagamento.

Afora as especificações referentes ao investimento a ser realizado, serão fornecidas ainda na Carta Circular de Oferta de

Franquia informações claras quanto a taxas periódicas e outros valores a serem pagos pelo franqueado ao franqueador ou a terceiros por este indicados. As respectivas bases de cálculo e o que elas remuneram ou o fim a que se destinam deverão ser bem pormenorizadas. Tais despesas incluirão a remuneração periódica pelo uso de sistema, da marca ou em troca dos serviços efetivamente prestados pelo franqueador ao franqueado (*royalties*); o aluguel de equipamentos ou ponto comercial, a taxa de publicidade ou semelhante, o seguro mínimo, bem como outros valores a que se obrigará o franqueado ao franqueador ou a terceiros que a ele estejam ligados. A lei não especifica o tipo de preço pago pelo franqueado, deixando em aberto as fórmulas adotadas pelo franqueador, mas a praxe observada no setor é a que vigora no plano internacional, já exposta.

A empresa franqueadora dará ainda na Circular de Oferta de Franquia relação completa de todos os franqueados, subfranqueados e subfranqueadores da rede, bem como dos que se desligaram nos últimos doze meses, com nome, endereço e telefone. O potencial franqueado terá assim oportunidade de informar-se sobre o comportamento empresarial do franqueador e não poderá depois queixar-se de ter sido ilaqueado. A lei prevê a posição de subfranqueador e subfranqueados, com alguma analogia com sublocadores e sublocatários. Grande parte dos franqueadores são empresas multinacionais, sediadas em vários países; estas concedem a franquia a outra empresa no Brasil, que se encarrega de distribuí-la em todo o território nacional: é a subfranqueadora. Esta, por sua vez, licenciará a franquia para empresas que atuem diretamente junto ao mercado consumidor.

O fornecimento de matérias-primas é tão importante quanto o de equipamentos e instalações. Não há liberdade por parte do franqueado em adquiri-los de quem desejar, mas de fornecedores indicados pelo franqueador. Por isso, na oferta de contrato, o policitante deverá dar informações claras e circunstanciadas ao seu oblato, o potencial franqueado, quanto à obrigação deste de adquirir quaisquer mercadorias, serviços e insumos necessários à implantação, operação ou administração de sua franquia, apenas de fornecedores indicados pelo franqueador, oferecendo ao franqueado relação completa desses fornecedores.

Os serviços de franquia empresarial devem ser uniformes para todos os franqueados, de tal maneira que dê a impressão de serem todos os estabelecimentos pertencentes a uma mesma organização. Entretanto, malgrado se note terem eles o mesmo serviço, o mesmo método de trabalho, os mesmos produtos, tratam-se de estabelecimentos individuais, autônomos. Essa uniformidade e eficiência predominante entre os diversos estabelecimentos são conseguidas graças à assistência técnica, dada pela empresa franqueadora, por ser detentora dos direitos de propriedade industrial, registrados no INPI.

Por essa razão, na própria proposta de contrato, cabe ao franqueador indicar ao franqueado o que realmente seja oferecido em termos de assistência técnica, tais como: supervisão da rede; serviços de orientação e outros; treinamento do franqueado, especificando duração, conteúdo e custos; treinamento dos funcionários do franqueado; manuais de franquia; auxílio na análise e escolha do ponto onde será instalada a franquia; "*layout*" e padrões arquitetônicos nas instalações do franqueado. Cabe então ao franqueador elaborar tecnologia de treinamento a ser dado aos funcionários do franqueado. É mais um motivo pelo qual deverá o franqueado ser bem esclarecido sobre a situação perante o INPI das marcas ou patentes e de mais direitos de propriedade industrial, cujo uso estará sendo autorizado pelo franqueador.

Deve ser prevista no contrato a situação do franqueado após a rescisão do contrato de franquia, de tal maneira que o franqueador não seja prejudicado por ter fornecido sua tecnologia. A Circular de Oferta de Franquia estabelecerá a situação do franqueado após a expiração da franquia, em relação ao "*know-how*" ou segredo de indústria a que venha a ter acesso em função da franquia, e implantação da atividade do franqueador. Embora não tenhamos muita fé nessa cláusula de não fazer, pelo menos se obriga o franqueado a respeitar os direitos do franqueador, não podendo utilizar a tecnologia pertencente a este, em proveito próprio. Neste caso, estaria o franqueado fazendo concorrência ao franqueador, utilizando-se do trabalho deste, parecendo inclusive uma pirataria.

Antes que o contrato ou pré-contrato de franquia seja assinado, o franqueado deverá receber, com prazo mínimo de dez dias, a Circular de Oferta de Franquia e anexos a ela, a fim de não assinar o contrato de afogadilho. Não estará também obrigado a qualquer pagamento, se não recebê-la nesse prazo mínimo. O não cumprimento dessas disposições pelo franqueador dará ao franqueado a faculdade de arguir a anulabilidade do contrato e exigir a devolução de todas as quantias porventura pagas ao franqueador e a terceiros por ele indicados, a título de taxa de filiação e *royalties* devidamente corrigidos, pela variação da remuneração básica dos depósitos de poupança mais perdas e danos. Essas sanções aplicar-se-ão também ao franqueador que veicular informações falsas na sua Circular de Oferta de Franquia, sem prejuízo das sanções penais cabíveis. O contrato de franquia deve ser sempre escrito e assinado na presença de duas testemunhas e terá validade independentemente de ser levado a registro perante cartório ou órgão público.

9. DAS FRANQUIAS BRASILEIRAS

9.1. Fatores do sucesso
9.2. Área de cosméticos
9.3. Criação e expansão de O Boticário
9.4. A criação na área do ensino

9.1. Fatores do sucesso

Foram as redes estrangeiras que introduziram a franquia no Brasil, mas nosso País assimilou-a e seguiu o exemplo delas, criando franquias próprias. Dois fatores principais colaboraram com a criatividade brasileira. O primeiro foi a excelência da iniciativa, ao criar um novo sistema de venda de produtos a aprimorar paulatinamente esse sistema, até atingir um ponto sugestivo de perfeição. O segundo foi o encaixe do sistema na legislação brasileira. Essa legislação assegurou o sucesso da franquia no Brasil, trazendo adeptos ao novo método de distribuição de produtos.

9.2. Área de cosméticos

No campo dos cosméticos, floriram franquias várias, enfrentando marcas estrangeiras internacionalizadas e famosas, como Elizabeth Arden e Helena Rubinstein, e suplantou-as. E foram bem variadas as franquias criadas em nosso País, não se resumindo a casos isolados. Segundo registros na ABF – Associação Brasileira de *Franchising*, existem quinze redes de franquias nessa área, ressaltando quatro como as principais: O Boticário, L'Acqua di Fiori, Água de Cheiro, Chlorophylla, seguindo-se outras menores, como Anna Pegova e Parallèle.

9.3. Criação e expansão de O Boticário

Começou na capital do Paraná, com uma farmácia de manipulação em 1977. Fabricava cremes, pomadas, sabonetes e outros cosméticos, e caprichava tanto na qualidade dos produtos que conquistou o mercado de Curitiba. Dois anos depois, montaram pequena filial no Aeroporto Afonso Pena, daquela cidade, e em seguida noutros lugares. A aceitação dos produtos e as exigências do mercado consumidor foram exigindo novos produtos e novas ligas. Sentiram então a impossibilidade de manter filiais e a solução foi apelar ao *franchising*, o que fez O Boticário explodir em uma rede enorme de franqueadas. A fabricação dos produtos exigiu montagem de uma fábrica e não farmácias de manipulação ou laboratórios.

No início de 2010, O Boticário tinha quase 2.500 franqueados e mais de 60 fora do Brasil, passando a ser considerado como a maior franquia brasileira privada, porquanto a maior, a dos Correios, é uma franquia pública. É também a maior quanto à penetração no mercado internacional. Perdeu um pouco a uniformidade que conseguiu manter nas franquias no território nacional, pois foi obrigada a se adaptar à legislação e ao sistema econômico de cada país. Manteve, porém, a estrutura básica da franquia e um exemplo: o Brasil é um País moldado para a franquia.

Corroborando essa capacidade, podemos citar a Anna Pegova, uma franquia francesa que se disseminou pelo mundo e tornou-se famosa, vindo ao Brasil. Após período áureo, com a morte de sua criadora, ela foi mirrando, até desaparecer no mundo inteiro, menos no Brasil. Embora não seja das maiores, é rigorosa em nosso País e aguarda oportunidade para reconquistar o mercado que possuía no campo internacional.

9.4. A criação na área do ensino

Outra área da atividade econômica em que a franquia brasileira se realçou foi a do ensino. O Brasil antecipou-se à iniciativa estrangeira, criando franquias próprias e bem-sucedidas, a tal ponto de serem agora cobiçadas pelo capital estrangeiro.

Iniciativa surpreendente foi a rede de ensino profissionalizante MICROLINS, iniciada no interior do Estado de São Paulo, na cidade de Lins, donde o nome da marca. Começou com uma escolinha de computação, criando método próprio, e incluiu outros cursos de formação profissional. Ao entrar no ano de 2010, a Microlins mantinha uma rede de 800 escolas franqueadas.

No ensino de idiomas, o Brasil notabilizou-se. Por volta de 1955 um professor de inglês de nome Yázigi criou método próprio bem simplificado e prático, que transformou sua escola num centro de convergência e conquistou fama. Transformou-se depois numa vasta rede de franquia. Tempos depois, outro professor de inglês, de nome Wizard, seguiu o mesmo caminho, que redundou em sucesso e fez surgir nova rede de franquias.

Ao entrar no século XXI, um grupo educacional multinacional descobriu o veio de ouro aberto pela franquia brasileira e entrou no Brasil, a princípio com timidez, mas depois assumiu papel preponderante. Ficou chamado de MULTI. Não é propriamente uma franquia, mas dona de franquias. Adquiriu a WIZARD e a SOS – Educação Profissional, e ainda outra rede de ensino de idiomas, a SKILL. Mais tarde comprou a MICROLINS e a BIT COMPANY, que atuavam na mesma área educacional. Sob alguns aspectos, o Grupo MULTI tornou-se a maior franquia privada do Brasil, talvez suplantando O BOTICÁRIO. Há algumas dúvidas sobre esse grupo: se é mesmo internacional ou pertencente a investidores nacionais.

10. A FRANQUIA NA ITÁLIA

    10.1. A lei italiana
    10.2. Aspectos conceituais
    10.3. O âmbito de aplicação da Lei
    10.4. Aspectos formais do contrato
    10.5. Resolução de pendências
    10.6. Esclarecimentos prévios
    10.7. Transferência do estabelecimento

10.1. A lei italiana

Torna-se importante conhecer a regulamentação italiana da franquia, por ela ter sido estabelecida por lei recente, de 6 de maio de 2004, a Lei 129/2004. Surgiu essa lei quando a franquia já estava desenvolvida e sedimentada no país, tendo, destarte, surgido da prática e da experiência. Esta lei poderá nos dar subsídios se quisermos elaborar a nossa.

Não há no idioma italiano um termo correspondente a *franchising*, motivo pelo qual o termo inglês foi adotado pela doutrina, ficando mais conhecido como *franchising*, que também usa *franchisee* e *franchisor*. Sob o ponto de vista jurídico, entretanto, é mais adotada a designação que lhe dá a Lei 129/04: *filiação comercial*, como bem diz o enunciado da Lei: *Norme per da disciplina dell'affilizione commerciale* = Normas para a disciplina da filiação comercial.

10.2. Aspectos conceituais

O longo artigo 1º da lei italiana do *franchising* discorre sobre o sentido do contrato de franquia, inclusive dando seus elementos constitutivos. O *"caput"* indica a definição sobre a qual a Lei estabelece suas normas:

A filiação comercial (franchising) *é o contrato, assim denominado, entre dois sujeitos jurídicos, econômica e juridicamente independentes, com base no qual uma parte concede disponibilidade à outra, mediante contraprestação, um conjunto de direitos de propriedade industrial ou intelectual relativos a marcas, denominações comerciais, insígnias, modelos de utilidade, desenhos, direitos do autor,* know-how, *patentes, assistência ou consultoria técnica e comercial, inserindo o franqueado num sistema constituído de uma pluralidade de franqueados distribuídos pelo território, com o escopo de comercializar determinados bens e serviços.*

O conceito dado pela lei italiana é tão vasto que vai exigir algumas interpretações. O nome dado ao contrato de franquia, de *filiação comercial*, parece ser antiquado. As expressões *comercial, comércio, comerciante* e outros cognatos foram banidas do vocabulário jurídico na maioria dos países juridicamente desenvolvidos. O Direito Comercial passou a chamar-se Direito Empresarial, ou Direito de Empresa, esta última denominação adotada pelo Código Civil da Itália. Essa evolução do Direito Comercial para o Direito Empresarial foi promovida exatamente pelo direito italiano, e nosso Código Civil de 2002 seguiu essa orientação. A designação agora adotada pela Lei 129/04 representa um retrocesso.

Não é também adequada, para nós, a nomenclatura de filiação, como ainda filiante e filiado. Em nosso direito, e no direito dos países desenvolvidos, filiação tem o sentido de pertencer, ser filho. Uma empresa é filiada de outra, se ela tiver a maioria de seu capital votante pertencente à outra; é também chamada de subsidiária. O termo filiação é aplicado de forma generalizada, e, por isso, é inseguro seu uso para designar um contrato preciso e delimitado.

Na definição consta o objeto do contrato, e, logo em seguida, a própria Lei explica o que ela entende como os componentes do objeto, o que nos parece escusado, pois, nesse aspecto, há ampla semelhança com o que dispõe o direito brasileiro e internacional. Esse objeto social compreende quatro itens primordiais: *know-how*, direito de ingresso, *royalties*, bem do franqueador. Igualmente, deixa claro a Lei que o contrato de filiação comercial pode ser utilizado em qualquer setor da atividade econômica, como no comércio, na indústria, na prestação de serviços, na agricultura e outros mais.

KNOW-HOW – Como *know-how* a Lei entende um patrimônio de conhecimentos práticos não patenteados, derivados da experiência e dos experimentos realizados pelo franqueador, que são secretos, substanciais e individualizados.

Esses conhecimentos são secretos, porque o *know-how* considerado como o complexo de noções, ou na precisa configuração e combinação de seus elementos, geralmente é desconhecido e dificilmente acessível.

É substancial, porque o *know-how* compreende conhecimentos indispensáveis pelo franqueado, para o uso, a venda, a revenda, a gestão ou organização dos bens ou serviços contratuais. Para o indivíduo, porque o *know-how* deve ser descrito de forma suficientemente completa, de modo a verificar se responde aos critérios de sigilo e de substancialidade.

DIREITO DE INGRESSO – É uma cifra fixa, ligada ao valor econômico e à capacidade de desenvolvimento da rede, que um franqueado aplica no momento da estipulação do contrato de franquia empresarial. Corresponde ao que chamamos no Brasil de taxa de franquia.

ROYALTIES – É um porcentual que o franqueador recebe do franqueado, calculado sobre o giro do seu negócio ou uma quota fixa, ainda que seja para pagar parceladamente. Representa a remuneração que o franqueado paga ao franqueador pela utilização da tecnologia pertencente a este.

BENS DO FRANQUEADOR – São os produtos produzidos pelo franqueador ou segundo as suas instruções e com sua marca.

10.3. O âmbito de aplicação da Lei

As disposições relativas ao contrato de filiação comercial se aplicam ao contrato principal, pelo qual uma empresa concede a outra, jurídica e economicamente independente, mediante contraprestação direta ou indireta, o direito de desfrutar uma filiação comercial. Terá também como fim estipular acordos de filiação comercial com terceiros, e o contrato com o qual o franqueado, em área de sua disponibilidade, prepara um espaço dedicado exclusivamente à atividade empresarial de subfranqueados.

Destarte, a filiação comercial pode ser formalizada por um só contrato ou por um complexo de contratos, tendo um principal e vários acessórios, como o de subfranquia, o *shop in shop*, minifranquias. Fica facultado ao franqueado o direito de estabelecer subfranquias com terceiros, mas tendo a aprovação do franqueador.

10.4. Aspectos formais do contrato

O contrato de filiação comercial deve ser elaborado por escrito e assinado por representante legal das partes, sob pena de nulidade. Os requisitos do contrato constam do artigo 3º, mas segue também as normas gerais do contrato previstas no Código Civil e em outras leis. Esse contrato é consensual e deverá ter o acordo das partes, o consenso entre elas. Da mesma forma como acontece entre nós, o franqueador deverá, com antecipação de trinta dias, fornecer ao aspirante franqueado todos os dados e informações necessários ou úteis à estipulação do contrato de filiação comercial, a menos que se trate de informações objetivamente reservadas ou cuja divulgação constituiria violação de direitos de terceiros.

Exige a Lei que o franqueador tenha, em relação ao franqueado, a todo o momento, um comportamento inspirado na lealdade, cortesia e boa-fé, da mesma forma como o franqueado deva comportar-se em relação a ele.

Nota-se na Lei a tendência de tutelar garantias para o franqueado, considerando-o a parte mais débil. Trata-se de um contrato típico, nominado, já que a Lei lhe traça os requisitos básicos, tanto que o obriga a ser por escrito, o que constitui uma formalidade. Se o contrato for a prazo determinado, o franqueador deverá garantir ao franqueado a duração mínima de três anos, suficiente para a amortização do investimento. Excetua-se a rescisão antecipada pela inadimplência de uma das partes.

O contrato de filiação comercial, como contrato típico, deverá conter vários requisitos essenciais, que iremos enumerar:

1. O montante dos investimentos e eventuais despesas de ingresso, que o franqueado deverá despender antes do início da atividade.
2. Modalidade do cálculo e do pagamento dos *royalties*, e eventuais indicações do encaixe mínimo que deva realizar o franqueado.
3. O âmbito de eventual exclusividade de território, seja em relação a outros franqueados, seja em relação a pontos de venda diretamente geridos pelo franqueado.
4. A especificação dos elementos do *know-how* fornecido pelo franqueador.
5. As características dos serviços ofertados pelo franqueador no tocante à assistência técnica e comercial, projeto de montagem, formação de mão de obra.
6. As condições referentes à renovação, resolução ou eventual cessão do contrato.

10.5. Resolução de pendências

Uma das mais salutares disposições da lei italiana da franquia é a indicação do modo de resolução de possíveis controvérsias entre franqueador a franqueado com referência à interpretação e execução do contrato. Antes de se dirigir à Justiça Pública, deve-se apelar para fórmulas alternativas de resolução de conflitos. Primeiro se deve pedir a mediação e a conciliação ante a Câmara de Comércio, Indústria e Artesanato, da região em que estiver sediado o franqueado, que tem foro privilegiado.

Se não houver solução suasória dos problemas por essas formas alternativas, recorre-se à arbitragem, esta em última instância. A respeito desses sistemas alternativos de resolução de litígios entre pessoas, fizemos ampla dissertação no Capítulo deste compêndio.

Há tendência atual no direito brasileiro em se adotar a RAD – Resolução Alternativa de Disputas, para se resolver satisfatoriamente as divergências entre empresas, embora de forma lenta, mas as novas leis planejam incluir esses sistemas, como fez a lei italiana da filiação comercial.

10.6. Esclarecimentos prévios

O franqueador deverá esclarecer o franqueado sobre as características da atividade e sobre os termos do contrato, incluindo-se cópia do contrato. Não fala em **carta de oferta de franquia**, mas faz exigência de informações pormenorizadas sobre ela, como faz a nossa carta de oferta de franquia.

Devem ser esclarecidos os pontos seguintes:
1. Principais dados relativos ao franqueador, seus dados identificadores e o capital social, bem como cópia de seu balanço dos exercícios dos últimos três anos, ou da data do início da atividade, no caso desse início ocorrerem a menos de três anos.
2. A indicação das marcas utilizadas na franquia e de registro, ou do depósito, ou da licença concedida ao franqueador por terceiros, que tenha eventualmente a propriedade deles, ou a documentação comprovante do uso concreto da marca.
3. Uma sintética ilustração dos elementos caracterizadores da atividade objeto da filiação comercial.
4. Lista dos franqueados exercendo atividade nessa franquia e os pontos de venda diretos do franqueador.

5. A indicação da variação, ano a ano, do número de franqueados com a relativa localização nos últimos três anos ou do início da atividade do franqueador, se o início tiver sido antes desse tempo.
6. A descrição sintética dos eventuais processos judiciais ou arbitrais, promovidos em relação aos franqueados e que tenham sido concluídos nos últimos três anos, e relativos ao sistema de filiação comercial em exame, seja com franqueados, seja com terceiros privados ou públicos.

10.7. Transferência do estabelecimento

O franqueado não pode transferir seu estabelecimento indicado no contrato sem a aprovação do franqueador, a não ser por caso fortuito ou força maior.

11. A FRANQUIA NA FRANÇA

11.1. Aspectos conceituais
11.2. Conteúdo da Circular de Oferta de Franquia
11.3. Sanções
11.4. O conceito e a nomenclatura
11.5. A legislação pertinente

11.1. Aspectos conceituais

A França é considerada o terceiro país na aplicação e difusão da franquia, o que a levou a regulamentar esse contrato em 1989, com a Lei 89-1.108, de 31.12.89, incorporada no Código Comercial napoleônico, dando nova redação ao artigo 330-3. O Decreto 91.337, de 4.4.91, trouxe alguns pormenores a mais. Essa lei recebeu também a denominação de Lei Doubin, em homenagem ao seu criador. O costume francês é o de colocar o ano da lei antes do número, como 89-1.108 e 91-337.

A França procurou adotar lei harmônica com as de outros países, seguindo as instruções da Associação Europeia de *Franchising* e as normas da União Europeia, como o Regulamento 2.790/1991, de 22.12.99, uma lei comunitária. Leis comunitárias são as promulgadas pela União Europeia.

Essa legislação é meio ampla e não específica da franquia, mas de contratos vários, estatuindo normas que se aplicam principalmente ao contrato de franquia. O enunciado da Lei diz ser ela **"relativa ao desenvolvimento de empresas comerciais e artesanais e à melhoria de seu ambiente econômico, jurídico e social".** Vejamos então como a Lei considera essa atividade, no artigo 1º:

Toda pessoa que coloca à disposição de outra um nome comercial, uma marca, símbolo, exigindo desta um compromisso de exclusividade ou de quase exclusividade para o exercício de seu negócio, fica obrigada previamente à assinatura do contrato concluído no interesse comum das duas partes, a fornecer à outra parte um documento dando informações sinceras que lhe permitam comprometer-se com conhecimento de causa.

Este documento, cujo conteúdo é fixado por decreto, precisa notadamente a idade e a experiência da empresa, a situação atual e as perspectivas de desenvolvimento do mercado que lhe concerne, a importância da rede dos exploradores desses direitos de propriedade industrial, a duração, as condições de renovação, de resilição e de cessão do contrato, assim como os limites das exclusividades.

Quando o pagamento de uma soma é exigido antecipadamente à celebração do contrato, mormente para obter a reserva de uma zona, as prestações asseguradas em contrapartida desta soma serão feitas por escrito, assim como as obrigações recíprocas das partes em caso de desfazimento do contrato.

O documento previsto neste artigo, assim como o projeto de contrato, são comunicados com a antecedência mínima de quinze dias antes da assinatura do contrato, ou, em casos excepcionais, antes do pagamento da soma mencionada acima.

Comentando o primeiro artigo da lei francesa, notamos que ela não se refere especificamente ao contrato de franquia, mas a todo contrato de colaboração empresarial. Esses contratos são voltados para a venda de produtos e serviços em que uma parte entra com a produção ou tecnologia de produção, e a outra com a promoção da venda no mercado consumidor. É um contrato muito híbrido e complexo, com os elementos do contrato de licenciamento de tecnologia e outros contratos de transferência de direitos de propriedade industrial, bem como o de compra e venda e outros.

A legislação francesa revela a mesma tendência da brasileira e da italiana: dar proteção e segurança ao franqueado, considerado a parte mais débil. Há razões suficientes para essa consideração. O franqueador é uma empresa mais antiga, pois sempre antecede à empresa franqueada. É também a empresa mais importante, mais forte, porquanto detém maior patrimônio, uma vez que faz parte deste o patrimônio intelectual, de muita importância nessa atividade. É possível que o franqueador tenha patrimônio material inferior ao de algum franqueado, mas isto não chega a pesar no poder econômico das duas partes. O franqueador pode prescindir de um franqueado, mas este depende intimamente do franqueador.

A segurança dada ao franqueado é para que ele não precise tomar decisões precipitadas e inseguras. Por isso, o franqueador deve dar ao futuro franqueado, ou seja, antes que assine o contrato, todas as informações sobre os passos que ele dará, a tal ponto que ele não possa dizer: "Fui mal informado". E as informações devem ser dadas por escrito, como diz a Lei: "*Um documento dando informações sinceras que lhe permitam comprometer-se com conhecimento de causa*". Nota-se a preocupação da Lei principalmente com o pagamento em dinheiro, determinando que deve ser bem esclarecido e preciso, de tal forma que o franqueado não possa se arrepender. O documento de que fala a Lei seria um tipo da nossa COF – Circular de Oferta de Franquia.

11.2. Conteúdo da Circular de Oferta de Franquia

A legislação francesa não dá a denominação de Circular de Oferta de Franquia a esse documento contendo as informações necessárias ao franqueado, mas vamos assim denominá-la, uma vez que é bem semelhante à nossa. Deve ter vários elementos:

1. O endereço da sede do franqueador e a natureza de suas atividades, com a indicação de sua forma jurídica e de identidade do empresário; se for sociedade, das pessoas que a compõem.
2. O valor do capital, o número de matrícula no Registro do Comércio e das Sociedades, ou o número de inscrição no repertório das profissões. No caso em que a marca seja o objeto do contrato, se foi adquirida por cessão ou licença, a data e o numero da inscrição correspondente ao registro nacional das marcas; se for contrato de licença, a indicação da duração para a qual a licença tenha sido concedida.
3. Contas-correntes bancárias da franqueadora, que poderão ser limitadas às cinco principais.
4. A data da criação da empresa, com realce das principais etapas de sua evolução, aí inseridas a rede de franqueados, com todas as indicações permitindo apreciar a experiência profissional adquirida pela gestão de seus dirigentes, que poderão, em certos casos, ser referentes aos últimos cinco anos antes da remessa do documento. Elas devem ser completadas pela apresentação do estado geral e local do mercado de produtos ou serviços que sejam objetos do contrato, e das perspectivas de desenvolvimento. Devem ser anexadas a esta parte do documento as contas anuais dos dois últimos exercícios, ou, para as sociedades que apelem publicamente à economia doméstica, os balanços dos dois últimos anos.
5. A apresentação da rede de contratantes, que deve incluir:
    a) A lista das empresas que fazem parte da rede, com indicação do modo de participação de cada uma delas.
    b) O endereço das empresas estabelecidas na França com as quais o proponente do contrato (futuro franqueador) esteja ligado por contrato da mesma natureza do contrato cuja celebração estiver prevista; a data do vencimento ou da renovação. Quando a rede contiver mais de 50 participantes, essas informações podem

ser exigidas somente pelos mais próximos do local da atuação.

c) O número de empresas que, estando ligadas à rede por contrato da mesma natureza do contrato que esteja sendo cogitado, deixaram de fazer parte dela no decorrer de um ano precedente à entrega do documento. O documento deve esclarecer se o contrato expirou ou se foi resilido ou anulado.

d) Se for oportuno, a presença, na zona de atividade da implantação prevista pelo contrato proposto, de todo estabelecimento em que sejam oferecidos, de acordo expresso do proponente do contrato, os produtos ou serviços que sejam o objeto deste.

6. A indicação do prazo de duração do contrato proposto, condições para a renovação dele, sua resilição ou cessão, como também o campo das exclusividades. O documento deve, além disso, determinar a natureza e o montante das despesas e investimentos específicos aos símbolos e às marcas que a empresa destinatária do projeto deva aplicar antes de começar a exploração.

11.3. Sanções

Será punida com sanções previstas para as contravenções toda pessoa que colocar à disposição de outra um nome empresarial, uma marca, exigindo dela um compromisso de exclusividade ou semiexclusividade para o exercício de sua atividade, sem lhe comunicar, com antecedência de vinte dias da celebração do contrato, o documento de informação e o modelo do contrato. As sanções serão mais rigorosas no caso de reincidência.

11.4. O conceito e a nomenclatura

Os franceses prezam muito seu idioma, o que os faz evitar a introdução de termos provenientes de outros idiomas, procurando ao menos afrancesá-los. Assim aconteceu com *franchising*, que se tornou *franchise*, e seus cognatos *franshiseur* e *franchisé*. O Código Comercial conservou ainda os termos: *comerciante*, *comércio* e *comercial*, introduzidos em 1807 pelo código napoleônico, trazendo ainda hoje a influência do passado e dessas expressões. A definição comum dada por eles ao contrato de franquia é mais simples do que a nossa:

> *O contrato de franquia é aquele pelo qual o franqueador transfere, a um terceiro independente, o franqueado, sua tecnologia* (savoir-faire) *encarregando-o de fazer uso dela conforme os termos do contrato. Além disso, coloca à disposição os sinais de identificação do franqueador, mormente a marca e o símbolo, e se compromete a uma assistência técnica e comercial durante a duração do contrato.*

11.5. A legislação pertinente

1. Lei 89-1.008, de 31.11.1989 – Relativo ao desenvolvimento das empresas comerciais e artesanais e à melhoria de seu ambiente econômico, jurídico e social (Lei Doubin).
2. Decreto 91-337, de 4 de abril de 1991.
3. Regulamento 2.790/1999 de 22 de dezembro de 1999, da União Europeia.
4. Artigo 330-3 do Código de Comércio.

12. A ABF – ASSOCIAÇÃO BRASILEIRA DE *FRANCHISING*

- **12.1.** Aspectos institucionais
- **12.2.** Rumo à globalização
- **12.3.** Aprimoramento de pessoal
- **12.4.** Publicidade e divulgação
- **12.5.** O Código de autorregulamentação do *franchising*

12.1. Aspectos institucionais

Não se pode compreender o desenvolvimento e a divulgação da franquia no Brasil sem ligá-la ao organismo que se dedica à sua implantação: é a ABF – Associação Brasileira de *Franchising*. É uma entidade formada pelos franqueadores, franqueados, fornecedores de instalações ou suprimentos de franquia, advogados especializados, pessoas interessadas na franquia, como os candidatos a franquia, prestadores de serviços a franquias, estudantes. Seu objeto é o de implantar a franquia, divulgá-la e promover seu desenvolvimento.

Foi criada em São Paulo e está instalada na capital paulista, na Avenida Nações Unidas, 10.989 – 11º andar, conjunto 112 – CEP 04578-000. Posteriormente, foi instalada a seccional no Rio de Janeiro e depois a de Porto Alegre, que operam nos mesmos moldes, mas agem separadamente. Planeja-se sua organização também em outras regiões do País. E uma organização nacional, com âmbito de atuação em todo o território nacional.

12.2. Rumo à globalização

Há tendência manifesta da franquia para a internacionalização, que se revelou no Brasil desde que ela foi introduzida em nosso País. Nota-se que as grandes franquias operando entre nós são aquelas que se internacionalizaram, como as redes de refeições rápidas e de vestuário. Seguindo essa tendência, os países desenvolvem esforços para harmonizar sua legislação e uniformizar suas operações. Por ser atividade relativamente recente, não se estabeleceu ainda uma convenção internacional que estabelecesse uma lei básica, mas as organizações internacionais de franquia e outras entidades, como a CCI – Câmara de Comércio Internacional, estão trabalhando há vários anos nesse planejamento. A UNIDROIT – Instituto para a Unificação do Direito Privado, órgão da ONU, sediado em Roma, já elaborou a Lei Modelo de Franquia da UNIDROIT, divulgada no mundo inteiro. Baseada na Lei Modelo da UNIDROIT, a ABF elaborou lei modelo para o MERCOSUL, que está sendo divulgada, mas ainda não adotada.

Ao sofrer o impacto da globalização no estabelecimento da franquia, o Brasil assimilou-a, e partiu há poucos anos para a internacionalização de suas atividades. Atualmente, 65 franqueadores brasileiros estão instalados no exterior, em 49 países, espalhados pelos cinco continentes. Outros planejam seguir os passos das que já se exportaram e conseguiram amplo sucesso. Concretizando essa tendência, a ABF teve decisiva participação, assessorando as associações internacionais de franquia e mantendo acordo de cooperação. Atualmente (ano de 2011), realçam-se as seguintes organizações internacionais dedicadas à franquia:

- WFC – World Franchising Council;
- FIAF – Federación Ibero Americana de Franquicias;
- IFA – Internacional Franchising Association.

Essas associações exercem, no plano internacional, papel semelhante à ABF no plano nacional. Iniciativa louvável dessas organizações, e não estamos incluindo as associações europeias que são regionais, é a promoção do FIRAC – Forum for Internacional Retail Association Executives, que promove reuniões entre líderes das atividades de franquia e varejo, para troca de ideias e planos de desenvolvimento. A ABF leva empresários da franquia para participar desses seminários, divulgando sua experiência e aproveitando as ideias dos demais países.

A ABF leva também franqueadores brasileiros a participarem de feiras internacionais de franquia, que representam excelente oportunidade de divulgação. As franquias brasileiras expõem sua organização e seus produtos, oferecendo-os a investidores e conquistando franqueados. Da mesma forma, aproveitam a experiência no setor.

12.3. Aprimoramento de pessoal

A ABF promove regularmente cursos sobre franquia, seminários, simpósios, encontros para discussões, palestras, e outras formas de treinamento de pessoal, visando ao aprimoramento técnico e profissional dos interessados em franquia. Expede ainda circular de orientações e edita o Guia Oficial de Franquias. Com tiragem anual de 100 mil exemplares, que distribui aos associados e pessoas interessadas, a fim de que todos fiquem esclarecidos sobre o sistema.

12.4. Publicidade e divulgação

Formas variadas para divulgar a franquia no Brasil são adotadas pela ABF – Associação Brasileira de *Franchising*. As várias revistas e outros órgãos de comunicação garantem a divulgação constante do sistema. Qualquer oferta de franquia oriunda do exterior é analisada por seus técnicos e juristas e revelada aos associados.

Outra forma de divulgação é a entrega de prêmios ou diplomas de mérito às franquias que mais se realçaram, e também os trabalhos de jornalistas, repórteres, juristas, realizada em meio a festividades muito concorridas. A entrega do *Selo de Excelência em Franchising* concedido às franquias mais eficazes é um estímulo à perfeição almejada dentro do setor. Existem ainda outros prêmios, como para o melhor *design*.

O *Guia Internacional de Franquias da ABF*, editado em inglês e espanhol, é distribuído internacionalmente nos consulados,

ONGs, entidades representativas de franquias, órgãos públicos estrangeiros, órgãos de comunicação do estrangeiro, e nos eventos internacionais, como nas feiras, exposições e seminários no exterior.

12.5. O Código de autorregulamentação do *franchising*

Uma das mais importantes iniciativas da ABF foi a elaboração de código de autorregulamentação do *franchising*, o que supre a ausência de uma lei regulamentadora do sistema, uma vez que a chamada Lei da Franquia é mais um repositório de normas sobre a COF – Circular de Oferta de Franquia. Malgrado seja a ABF uma ONG, ou seja, não órgão público, esse conjunto de normas é seguido seguramente pelos participantes do sistema. Mais do que os comentários sobre esse código, será sugestivo apresentá-lo na íntegra.

ABF – ASSOCIAÇÃO BRASILEIRA DE *FRANCHISING* CÓDIGO DE AUTORREGULAMENTAÇÃO DO *FRANCHISING*

PREFÁCIO
- OBJETIVO E PRINCÍPIOS GERAIS
- DEFINIÇÕES
  Franchising ou Sistema de Franquia
  Franquia
  Máster Franquia
  Franqueador
  Franqueado
  Fornecedor do Sistema de Franquia
  Propriedade Intelectual
  Tecnologia ou *"know-how"*
  Marcas
  Patentes
  Direitos autorais

Circular de Oferta de Franquia (COF)
Selo de Excelência em *Franchising*
- OBRIGAÇÕES DO FRANQUEADOR
- OBRIGAÇÕES DO MÁSTER FRANQUEADO
- OBRIGAÇÕES DO FRANQUEADO
- OBRIGAÇÕES DO FORNECEDOR DO SISTEMA DE FRANQUIA
- CONTRATO DE FRANQUIA
- ABF
  Diretoria
  Comissão de Ética
  Comissão de Mediação e Arbitragem
  Conselho Comissão de Estudos Jurídicos
- INFRAÇÕES DISCIPLINARES – PENALIDADES E SUA APLICAÇÃO

OBJETIVO E PRINCÍPIOS GERAIS

1. Este Código de Autorregulamentação do *Franchising* estabelece os preceitos gerais de ética, moral e boa-fé que deverão pautar a conduta de Franqueadores, Franqueados e Prestadores de Serviços do Sistema de Franquia.

2. Franqueadores, Franqueados e Prestadores de Serviços do Sistema de Franquia deverão conduzir suas atividades observando as disposições deste Código de Autorregulamentação, bem como as obrigações impostas pela legislação vigente.

DEFINIÇÕES

3. Para efeitos deste Código de Autorregulamentação do *Franchising*, os termos abaixo terão as definições a seguir:
    - FRANQUIA EMPRESARIAL, *Franchising* ou Sistema de Franquia: Sistema pelo qual um Franqueador cede ao Franqueado o direito de uso de marca, associado ao direito de distribuição exclusiva ou semiexclusiva de produtos ou serviços e, eventualmente, também o direito de uso de tecnologia de

implantação e administração de negócios ou sistema operacional desenvolvidos ou detidos pelo franqueador, mediante remuneração direta ou indireta, sem que, no entanto, fique caracterizado vínculo empregatício.
- MÁSTER FRANQUIA: termo utilizado para designar a concessão do direito de exploração de um conceito de negócio, em determinado território, pelo máster franqueado ou por terceiros por este nomeado.
- FRANQUEADOR: pessoa jurídica detentora dos direitos de uso e exploração de um conceito de negócio e das marcas comerciais que o identificam.
- FRANQUEADO: pessoa física ou jurídica a quem é outorgado o direito de uso e exploração do conceito de negócio e demais direitos concernentes a um determinado Sistema de Franquia.
- PRESTADOR DE SERVIÇO DO SISTEMA DE FRANQUIA: pessoa física ou jurídica que, sem vínculo empregatício com o Franqueador ou com o Franqueado, presta serviços relacionados ao *Franchising* (tais como arquitetos, advogados, engenheiros, consultores, provedores).
- TECNOLOGIA OU *KNOW-HOW*: conjunto de conhecimentos industriais, comerciais ou administrativos desenvolvidos ou adquiridos pelo Franqueador, quer em decorrência da sua experiência e pesquisa, quer por transferência de terceiros.
- CIRCULAR DE OFERTA DE FRANQUIA (COF): documento elaborado pelo Franqueador segundo as exigências legais, que deve ser entregue ao candidato a Franqueado, visando a informá-lo a respeito dos aspectos mais relevantes da Franquia que pretenda adquirir (art. 3º da Lei 8.955/94).
- SELO DE EXCELÊNCIA EM *FRANCHISING*: distinção outorgada pela Associação Brasileira de *Franchising* aos Franqueadores que atendam às exigências legais concernentes ao Sistema de Franquia, às disposições do Código de Autorregulamentação da ABF, assim como aos que preencham os requisitos estabelecidos pela Comissão de Ética, conforme Manual de Outorga do Selo de Excelência em *Franchising*.

OBRIGAÇÕES DO FRANQUEADOR

4. O Franqueador deverá adotar as seguintes práticas comerciais:
   4.1. Observar e manter com os seus Franqueados relações honestas, éticas, pautadas pela transparência, boa-fé e respeito mútuo, seguindo as exigências legais estabelecidas para o *"Franchising"* e cumprindo as obrigações assumidas no contrato.
   4.2. Oferecer aos potenciais Franqueados, de forma completa e correta, todas as informações exigidas por lei, além de outras que sejam relevantes para a avaliação do negócio, as quais vincularão o Franqueador.
   4.3. Responsabilizar-se pelo uso dos direitos de propriedade intelectual concedidos ao Franqueado.
   4.4. Garantir ao Franqueado o uso da marca e do Sistema de Franquia, salvo disposição expressa em contrário das partes.
   4.5. Zelar pelo aperfeiçoamento e desenvolvimento do seu Sistema de Franquia, visando que os franqueados da rede possam atender as necessidades apresentadas pelo mercado consumidor.
   4.6. Fornecer aos Franqueados toda a informação e suporte necessários para o funcionamento e desenvolvimento do negócio objeto da Franquia, a fim de permitir uma gestão uniforme da rede de Franquias.
   4.7. Manter uma comunicação eficiente com os Franqueados, promovendo discussões e intercâmbio de ideias, para melhorar a capacidade produtiva da rede, buscando solucionar as questões ou controvérsias que surgirem no relacionamento entre as partes.
   4.8. Tratar com Isonomia seus franqueados.

OBRIGAÇOES DO MÁSTER FRANQUEADO

5. Além de cumprir as obrigações previstas para o Franqueador, o Máster franqueado deverá, ainda, apresentar documentação hábil que comprove que o Franqueador o autorizou a explo-

rar ou a conceder todos os direitos objeto da Franquia que subfranqueará.

5.1. O Máster franqueado não poderá conceder aos seus Franqueados direitos que excedam aqueles que lhe foram conferidos.

OBRIGAÇÕES DO FRANQUEADO

6. O Franqueado deverá adotar as seguintes condutas e práticas comerciais:

6.1. Observar e manter com o seu Franqueador relações honestas, éticas, de boa-fé e respeito mútuo, cumprindo sempre as obrigações assumidas no contrato de franquia e as normas legais.

6.2. Dedicar seus maiores e melhores esforços para o desenvolvimento de sua Franquia e para a conservação da identidade e reputação do Sistema de Franquia.

6.3. Fornecer ao Franqueador todos os dados referentes ao negócio franqueado, a fim de possibilitar ao Franqueador um controle eficaz do desenvolvimento da rede.

6.4. Manter a estrita confidencialidade sobre os métodos, processos, técnicas, segredos de negócio, de fabricação ou comercialização, que lhe forem transmitidos pelo Franqueador.

6.5. Utilizar a Marca sempre observando a legislação vigente, assim como as normas, padrões e orientações definidos pelo Franqueador, a fim de resguardar a identidade, prestígio e valor da Marca no mercado.

6.6. Cumprir rigorosamente as normas, especificações, procedimentos e obrigações definidos pelo Franqueador com relação à operação da Franquia e utilização da Marca, estejam elas designadas em contrato, nos manuais ou em quaisquer outras orientações escritas prestadas pelo Franqueador.

6.7. Assegurar que seus sócios, funcionários, auxiliares ou prepostos sejam capacitados para as atividades que exercerão, tanto durante quanto após o treinamento oferecido pelo Franqueador, a fim de desempenharem as atividades do

negócio franqueado de forma eficaz, segundo as técnicas do Sistema de Franquia.
- **6.8.** Empreender esforços no sentido de manter comunicação eficaz com o Franqueador, promovendo discussões e intercâmbio de ideias, buscando melhorar a capacidade produtiva da rede e a solução das questões surgidas durante a operação do negócio, sobretudo aquelas que possam prejudicar o bom relacionamento entre as partes.
- **6.9.** Efetuar pontualmente os pagamentos das taxas previstas no contrato de franquia.

OBRIGAÇÕES DOS PRESTADORES DE SERVIÇO DO SISTEMA

7. Os Prestadores de Serviços do Sistema de Franquia deverão:
   - **7.1.** Apresentar, previamente à contratação, informações claras e detalhadas a respeito dos serviços oferecidos e de suas qualificações profissionais, indicando, inclusive, o custo e a forma de pagamento dos seus serviços.
   - **7.2.** Elaborar contrato escrito regulando a prestação de serviços, previamente à sua execução.
   - **7.3.** Executar as tarefas objeto do contrato de prestação de serviços com o mesmo cuidado, diligência e proficiência que emprega na condução de seus próprios negócios.
   - **7.4.** Guardar sigilo sobre as informações de propriedade do cliente de que tiver conhecimento em razão da execução dos serviços contratados, ainda que finda a prestação dos serviços, devendo evitar a utilização de tais informações em serviços contratados.
   - **7.5.** Não divulgar o nome de seus clientes sem a concordância deles.
   - **7.6.** Não prestar, simultaneamente, serviços para Franqueadores ou Franqueados com interesses conflitantes, sem que haja a prévia anuência daquele que primeiro o contratou e a ciência do segundo contratante.

8. Este Código condena o uso não autorizado da produção intelectual dos Prestadores de Serviços do Sistema, o plágio e imitação de manuais, projetos e contratos.

CONTRATO DE FRANQUIA

9. O Contrato de Franquia é o instrumento que rege a relação jurídica estabelecida entre Franqueador e Franqueado e estabelece os termos e condições que deverão ser obedecidos para a exploração do Sistema de Franquia pelo Franqueado e as situações inerentes ao relacionamento Franqueador – Franqueado.

10. Em suas linhas gerais, o Contrato de Franquia deverá dispor sobre:
(i) objeto da Franquia;
(ii) concessão de direitos de Propriedade Industrial e Intelectual;
(iii) território de atuação do Franqueado;
(iv) obrigações pecuniárias das partes;
(v) prazo da concessão da Franquia;
(vi) direitos e obrigações do Franqueador e do Franqueado;
(vii) causas e consequências da rescisão;
(viii) a sucessão das partes;
(ix) hipóteses e consequências da cessão ou transferência da Franquia;
(x) confidencialidade e não-concorrência; e
(xi) cláusula arbitral, preferencialmente indicando a Câmara de Mediação e Arbitragem da ABF como órgão responsável pela condução da mediação ou arbitragem.

11. O Contrato de Franquia deve estar redigido de forma clara e precisa, usando linguagem acessível, em coerência com os termos e condições expostos pelo Franqueador na sua Circular de Oferta de Franquia, bem como com as demais informações divulgadas pelo franqueador ao mercado com respeito ao seu Sistema de Franquia.

12. O Contrato de Franquia deve ser sempre formal, escrito, firmado na presença de duas testemunhas, sendo certo que sua eficácia independe de registro em Cartório de Registro de Títulos e Documentos ou em qualquer outro órgão.

A ABF

13. DIRETORIA
    13.1. A Diretoria da ABF é órgão deliberativo da entidade, nos termos do seu Estatuto Social, cabendo a ela apreciar e decidir acerca dos assuntos que afetem seus associados e o Sistema de Franquia no Brasil.

14. COMISSÃO DE ÉTICA
    14.1. A Comissão de Ética da ABF é órgão consultivo da Diretoria, devendo se pronunciar, a pedido da Diretoria, nas questões de ordem ética e, também, sobre práticas comerciais que envolvam Franqueadores, Franqueados ou Prestadores de Serviços do Sistema de Franquia.
    14.2. É de competência da Comissão de Ética zelar pela observância dos preceitos deste Código de Autorregulamentação, por Franqueadores, Franqueados e Prestadores de Serviços do Sistema de Franquia, recomendando à Diretoria a aplicação das penalidades prevista no Artigo 19 a seguir, caso seja comprovado o descumprimento de qualquer dos seus termos.
    14.3. A Comissão de Ética analisará, ainda, os pleitos para a concessão do Selo de Excelência em *Franchising*, consoante os documentos e informações apresentados pelo Franqueador candidato ao Selo de Excelência em *Franchising*. O Selo de Excelência em *Franchising* tem validade de 1 (um) ano e poderá ser prorrogado pela Comissão de Ética ao final desse período, ou revogado a qualquer tempo, após os esclarecimentos do Franqueador, em decorrência da habilidade ou inabilidade do Franqueador em exercer suas atividades em consonância com os preceitos deste

Código de Autorregulamentação e do Manual de Outorga do Selo de Excelência em *Franchising*.

14.4. A Comissão de Ética guardará a mais estrita confidencialidade e sigilo sobre todas as informações e documentos que lhe sejam apresentados.

15. COMISSÃO DE ESTUDOS JURÍDICOS

15.1. A Comissão de Estudos Jurídicos é órgão consultivo da Diretoria da ABF e de seus associados, que tem por função analisar, discutir e opinar sobre os aspectos legais do sistema de *Franchising* no Brasil, oferecendo pareceres sobre as questões que lhe forem suscitadas, desde que haja tal possibilidade diante das vedações impostas pelo Estatuto da Ordem dos Advogados do Brasil.

16. INFRAÇÕES DISCIPLINARES, PENALIDADES E SUA APLICAÇÃO

16.1. Constitui infração disciplinar toda e qualquer conduta, comissiva ou omissiva, que viole os preceitos previstos no presente Código.

16.2. As penas disciplinares consistem em:

(i) advertência;

(ii) recomendação quanto à alteração ou à supressão de conduta ou procedimento;

(iii) não-concessão, não-renovação, suspensão temporária ou cassação, conforme o caso, do Selo de Excelência em *Franchising*;

(iv) suspensão temporária do associado da ABF do quadro associativo, bem como de sua participação em todo e qualquer evento promovido, realizado ou patrocinado pela ABF, durante o prazo de vigência da suspensão;

(v) exclusão do quadro associativo; e

(vi) expulsão definitiva do associado da ABF do quadro associativo, bem como de sua participação em todo e qualquer evento promovido, realizado ou patrocinado pela ABF, em caráter definitivo.

17. É facultada à ABF divulgar, por meio dos veículos de comunicação, a sua posição em relação à sanção cominada ao associado infrator.

18. As penalidades aplicadas com base no Artigo 17 acima poderão ser revogadas mediante comprovação da cessação da conduta violadora dos preceitos disciplinados pelo presente Código, excetuando aquela prevista no item "vi "(expulsão).
    18.1. Da penalidade de suspensão do quadro associativo, referida no item 16.2 (iv) anteriormente, cabe recurso à Assembleia Geral da ABF.
    18.2. No caso de o associado excluído solicitar readmissão aos quadros associativos, a Comissão de Ética deverá exigir comprovação de interrupção da conduta que gerou a exclusão, do cumprimento do item 24 abaixo e decurso de 6 meses entre a data de exclusão e readmissão.

19. Caberá ao infrator de quaisquer das disposições do presente Código indenizar prontamente qualquer prejuízo a que der causa, por negligência, erro inescusável ou dolo, sem prejuízo das demais sanções cabíveis.

13. DA FRANQUIA POSTAL

- **13.1.** Aspectos conceituais
- **13.2.** Os serviços postais franqueados
- **13.3.** A legislação pertinente
- **13.4.** Origem e evolução
- **13.5.** As partes do contrato
    - **13.5.1.** Franqueador
    - **13.5.2.** Franqueado
- **13.6.** O contrato de franquia postal
- **13.7.** Ausência da COF – Circular de Oferta de Franquia

13.1. Aspectos conceituais

O sucesso da franquia e sua maleabilidade têm feito com que ela estenda sua aplicação em diversas áreas da atividade econômica. Começou com sua aplicação no setor imobiliário, uma vez que ela foi criada para o financiamento de bens móveis duráveis e não a imóveis. Estuda-se também sua aplicação no ambiente agropecuário, o que já se revelou possível. Depois veio a franquia postal, criada no Brasil, que já está sedimentada e de ampla aceitação. Está sendo muito discutida e tumultuada, mas parece não desmerecer a lei, por ser esta vítima de ingerências políticas.

A franquia introduziu-se no Brasil graças às redes franqueadoras estrangeiras, mas depois ele veio a ser criador de franquias e já começa a espalhar-se pelo mundo. Exemplo disso são as franquias de perfumarias, como Acqua di Fiori, O Boticário, Água de Cheiro, Chlorophylla, Parallèle, e a rede de cursos de idiomas, como Yázigi, Skill, CCAA, CNA, Fisk, Wizard, bem como outros cursos, como a Microlins. A franquia mais sugestiva e importante foi, porém, criada pela ECT – Empresa Brasileira de Correios e Telégrafos, que é, de longe, a maior, mais significativa, sugestiva e importante criada no Brasil.

Dizemos a mais sugestiva por ter sido criada pelo Poder Público, ou seja, pelo Governo, por meio de uma empresa estatal, cujo capital pertence totalmente ao Governo Federal. É um tipo de parceria público-privada, uma colaboração entre o Poder Público e a iniciativa particular, embora seguindo o modelo da franquia privada, como se fosse o Mc'Donalds. Para os mais antigos, os que conviveram com os correios antes dessa iniciativa, ficam na memória as agruras de quem dependia dele. Entretanto, hoje, é patente a excelência dos serviços postais no Brasil, semelhantes aos dos países de primeiro mundo.

13.2. Os serviços postais franqueados

A ECT – Empresa Brasileira de Correios e Telégrafos, franqueou os serviços de sua exclusividade a empresas privadas, ou seja, a pessoas jurídicas de direito privado, em regime de concessão. As empresas franqueadas receberam a designação de AGF – Agências de Correios Franqueadas. A implantação e manutenção da atividade de franquia postal serão realizadas, exclusivamente, pela ECT, sob a supervisão do Ministério das Comunicações, no desempenho de *atividades auxiliares relativas ao serviço postal*.

Essas *atividades auxiliares relativas ao serviço postal* consistem na produção ou preparação de objeto de correspondência, valores e encomendas que antecedem o recebimento desses postados pela ECT, para posterior distribuição e entrega aos destinatários finais. Estas não podem ser franqueadas, sendo desempenhadas exclusivamente pela ECT, como, por exemplo, a entrega das cartas aos destinatários.

Nessas condições há dois tipos de atividades postais:
1. ATIVIDADE AUXILIAR RELATIVA AO SERVIÇO POSTAL – É exercida pela AGF – Agência de Correios Franqueada, ou seja, a franqueada.
2. ATIVIDADE RELATIVA AO SERVIÇO POSTAL – É desempenhada com exclusividade pela ECT, chamada franqueador.

Os serviços postais franqueados, isto é, transferidos para a AGF, são os de atendimento do público consumidor dos serviços. Ela recebe cartas e encomendas do público, cobrando o preço.

Depois, encaminha-as à ECT que desempenha os serviços para complementação da entrega aos destinatários.

Nossa legislação é um tanto confusa ao se referir a *atividades auxiliares relativas ao serviço postal e atividade de franquia postal*. Vejamos o que nos diz o artigo 2º, § 2º do Decreto 6.639/08:

> *As atividades auxiliares relativas ao serviço postal consistem na produção ou preparação de objeto de correspondência, valores e encomendas que antecedem o recebimento desses postados pela ECT, para posterior distribuição e entrega aos destinatários finais.*

Pelo que diz esse dispositivo legal, essas atividades *auxiliares relativas ao serviço postal* são exercidas pelo franqueado, ou seja, a AGF – Agência de Correio Franqueada. Como ele diz, são atividades que antecedem o recebimento desses postados pela ECT. Assim sendo, quais são as atividades que antecedem à ECT? São as realizadas pela AGF – Agência de Correio Franqueada, ou seja, o atendimento do cliente, recebimento de correspondência e encomendas, cobrança do preço.

Em seguida, a AGF repassará tudo à ECT para distribuição e entrega aos destinatários finais. Destarte, o carteiro é sempre um funcionário da ECT. É o que pode ser deduzido do que diz o § 1º do artigo 2º do Decreto 6.639/08. A ECT considera o franqueado um auxiliar.

Contudo, o § 1º do artigo 2º não esclarece isto e lança dúvidas:

> *As atividades de recebimento, expedição, transporte e entrega de objetos de correspondência, valores e encomendas, inerentes à prestação dos serviços postais, não se confundem com as atividades auxiliares relativas ao serviço postal, não podendo ser objeto de franquia.*

O que não pode ser objeto de franquia? A primeira atividade ou a segunda? Para ficar claro, preferimos interpretar como sendo a primeira, vale dizer o *serviço postal*, conforme está escrito:

131

as atividades de serviço postal. Essa gama de operações é da responsabilidade da ECT e não pode ser franqueada.

A situação começa a ficar mais clara no § 3º quando a Lei diz o que considera as expressões utilizadas no § 2º:

> **1. Atividade de franquia postal:** *execução das atividades auxiliares relativas ao serviço postal.*
>
> **2. Recebimento:** *ato pelo qual os objetos de correspondência, valores e encomendas são colocados sob a responsabilidade da ECT para a prestação de serviços postais.*
>
> **3. Expedição:** *atividades que visam à consolidação dos objetos de correspondência, valor e encomendas recebidos para serem encaminhados aos respectivos destinos.*
>
> **4. Transporte:** *encaminhamento dos objetos de correspondência, valores e encomendas recebidos pela ECT aos respectivos destinos.*
>
> **5. Entrega:** *atividade de fazer chegar o objeto postal ou a mensagem telegráfica ao destinatário ou ao endereço indicado, ou, ainda, ao remetente, no caso de devolução de objeto postal.*

Foram enumeradas acima as tarefas inerentes à *prestação dos serviços postais*, exclusivas da ECT, e que não podem ser objeto de franquia.

Infelizmente, tanto a Lei 11.668/08 como o Decreto 6.639/08 não definem quais seriam as atribuições do franqueado, vale dizer, da AGF, e que formam o conjunto de atividades auxiliares relativas ao serviço postal. Contudo, dá a Lei a entender que sejam as atividades que antecedem ao recebimento, isto é, a entrega do material recolhido pelo franqueado para a ECT.

Em suma, há dois tipos de atividades previstas pela Lei:
1. PRESTAÇÃO DE SERVIÇOS POSTAIS: são os atos privativos da ECT e não podem ser delegados; não podem ser objeto de franquia.
2. ATIVIDADES AUXILIARES RELATIVAS AO SERVIÇO POSTAL: são chamadas auxiliares porque as AGF auxiliam a ECT no desempenho de suas funções: não

são, portanto, concorrentes; exercem a aproximação ou intermediação entre o público consumidor dos serviços postais e a ECT.

13.3. A legislação pertinente

A lei básica é a Lei 11.668, de 2 de maio de 2008, que dispõe sobre o exercício da atividade de franquia postal. Como o contrato de franquia é bastante complexo, aplicam-se a ele, subsidiariamente, as normas do Código Civil, da Lei de Licitações, Lei das Concessões e Lei da Franquia. São leis de Direito Público e de Direito Privado, uma vez que a franquia postal é uma simbiose de interesses entre o Governo e empresas particulares.

Deve ser integrada nessa legislação a Lei 6.538/78, que dispõe sobre os serviços postais.

A Lei 8.666/93 estabeleceu normas gerais sobre licitações e contratos administrativos.

A Lei 8.987/95 dispõe sobre o regime de concessão e permissão da prestação de serviços públicos.

A Lei da Franquia Empresarial, a Lei 8.955/94, é invocada subsidiariamente, uma vez que a franquia postal é uma franquia.

Outras normas antecederam a Lei 11.668/2008. Em 1988 o Ministério das Comunicações publicou a Instrução Normativa 1/98, fazendo então surgir novo tipo de agência postal, a AGF – Agência do Correio Franqueada. Por seu turno, a Lei 11.668/2008 foi regulamentada pelo Decreto 6.639/08.

A Lei 9.074/95 – Estabeleceu normas para outorga e prorrogação das concessões e permissões de serviços públicos.

A Lei 10.406/2002 estabeleceu o novo Código Civil.

Foram então disseminando vários tipos de agências postais:
- AC – Agência dos Correios (da ECT);
- AGF – Agência do Correio Franqueada;
- PC, AGC, ACSON, PCP, Correio de Conveniência.

Surgiu em seguida uma Medida Provisória, que se transformou na Lei 9.648/98, prorrogando os contratos de franquia até

31.12.2002 e depois a Lei 10.577/98, com este mesmo propósito: prorrogar o vencimento das antigas franquias postais.

Vamos fazer então a enumeração simples desses diplomas legais:
1. Lei 6.338/08 – Dispõe sobre os Serviços Postais;
2. Lei 11.668/08 – Dispõe sobre o exercício da atividade de franquia postal;
3. Decreto 6.639/08 – Regulamenta a Lei 11.668/08;
4. Lei 8.955/94 – Regulamenta a franquia empresarial;
5. Lei 9.074/95 – Estabelece normas para outorga e prorrogação das concessões e permissões de serviços públicos;
6. Lei 10.406/2002 – Estabelece o novo Código Civil;
7. Lei 8.666/93 – Estabelece normas gerais sobre licitação e contratos administrativos;
8. Lei 8.987/95 – Dispõe sobre o regime de concessão e permissão da prestação de serviços públicos.

13.4. Origem e evolução

Os serviços postais foram uma lástima no Brasil, mas há mais de 30 anos, por volta de 1980, a situação já tinha melhorado, graças à moderna tecnologia introduzida no setor. Havia, porém, necessidade de amplo desenvolvimento ante a demanda sempre crescente dos serviços postais. O Governo Federal sentia sua incapacidade em adotar o crescimento com a manutenção da qualidade do serviço.

Ante essa dificuldade e a ausência de solução para este problema foram sendo levantadas várias sugestões, mas sempre fora do comum. Entre as ideias aventadas figurou a adoção da franquia para os serviços postais, ideia essa que se foi divulgando e se aperfeiçoando, levando a ECT a transferir para pessoas jurídicas de direito privado a marca, tecnologia, organização e métodos de trabalho, os produtos e serviços, para que essas empresas os utilizassem. A ECT lhes daria toda orientação e consultoria empresarial a fim de que as empresas franqueadas pudessem cumprir essa missão.

As primeiras franquias surtiram resultados satisfatórios, o que levou a ECT a alargar a aplicação do sistema, de tal maneira que mais de 1.500 foram estabelecidas, transformando-se na maior franquia do Brasil. O contingente de pessoal empregado pelas agências postais franqueadas atingia aproximadamente a 25.000 empregados.

Entretanto, esse desenvolvimento foi abalado pela atuação do TCU – Tribunal de Contas da União, que se insurgiu contra a concessão da franquia postal por uma empresa pública sem licitação, uma vez que era concedida livremente a quem lhe interessava. Em 1994, o TCU tomou decisão, determinando que a franquia postal só poderia ser concedida mediante licitação. Criou-se então um impasse com referência às franquias postais já existentes, que tinham direitos adquiridos após anos de atuação, conquista de clientela, valorizado o ponto e realizado investimentos para o exercício das atividades de franquia postal. Várias leis foram prorrogando o prazo para as antigas se adaptarem às exigências do TCU. Para o estabelecimento de novas franquias postais, porém, está decidido que somente será concedida mediante licitação, nos termos da Lei 9.074/95, que estabelece normas para outorga e prorrogação das concessões e permissões de serviços públicos.

13.5. As partes do contrato

13.5.1. *Franqueador*

O franqueador é a ECT – Empresa Brasileira de Correios e Telégrafos, com capital exclusivo da União, vinculada ao Ministério das Comunicações. Ela detém o monopólio dos serviços postais. Apesar de a ECT estabelecer franquias, opera também com lojas próprias, não havendo, nas aparências, diferenças entre os dois tipos de franqueadas. Trata-se de franquia monopolista, porquanto na franquia postal só existe um franqueador. Existem assim dois tipos de agências postais:
- AC – Agência do Correio;
- AGF – Agência do Correio Franqueada.

As agências do Correio têm, contudo, maiores poderes e atribuições, uma vez que nem todos os serviços postais são franqueados. O franqueador, ou seja, a ECT concede ao franqueado o direito de utilizar a marca, a tecnologia, produtos e serviços que lhe pertencem, mediante remuneração, em regime de concessão. Constitui serviço postal o recebimento, expedição, transporte e entrega de objeto de correspondência, valores e encomendas.

As atividades da ECT são regulamentadas pela Lei 6.538/789, que dispõe sobre os serviços postais.

13.5.2. *Franqueado*

Deve ser pessoa jurídica de direito privado, o que não significa que não pode ser pessoa natural. Fica uma dúvida: o empresário individual será considerado pessoa natural ou jurídica? Na interpretação da ECT não poderá lhe ser concedida a franquia; o franqueado será então uma empresa coletiva. Esta será empresa autônoma, sem vínculo com o franqueador, a não ser as relações decorrentes do contrato de franquia. Não estabelece a Lei o tipo de empresa, podendo ser, por exemplo, *sociedade anônima* ou *sociedade simples*.

O franqueado se submeterá previamente ao procedimento licitatório, visando à sua contratação, observando-se as disposições da Lei da Franquia Postal.

O Decreto 6.639/08 assim define o que seja o franqueado; AGF – Agência de Correio Franqueada:

> *Pessoa jurídica de direito privado, selecionada em procedimento licitatório específico e contratada pela ECT para o desempenho da atividade de franquia postal.*

13.6. O contrato de franquia postal

É um contrato formal, com cláusulas obrigatórias estabelecidas por sua lei específica e pela Lei da Franquia. As cláusulas essenciais desse contrato são as seguintes:

1. Objeto do contrato;
2. Localização do estabelecimento da pessoa jurídica franqueada;
3. Prazo de vigência de dez anos, que poderá ser renovado mais uma vez por dez anos;
4. Modo, forma e condições do exercício da franquia postal;
5. Critérios indicadores, fórmulas e parâmetros definidores do padrão de qualidade da atividade e gestão;
6. Os meios e formas de remuneração da ECT;
7. Obrigatoriedade, forma e periodicidade da prestação de contas do franqueado à ECT;
8. Os direitos, garantias e obrigações da ECT e da pessoa jurídica franqueada, inclusive os relacionados às previsíveis necessidades de aperfeiçoamento da atividade e consequente modernização e ampliação dos equipamentos e instalações;
9. Os direitos dos usuários de obtenção e utilização da atividade ofertada. Esses direitos devem ser atendidos de acordo com os objetivos da franquia postal, que são os de proporcionar maior comodidade aos usuários, e melhoria do atendimento prestado à população;
10. Forma e condições de fiscalização pela ECT das instalações, equipamentos, métodos e práticas de execução dos serviços do franqueado, bem como a indicação dos órgãos integrantes da estrutura administrativa e operacional da ECT competente para exercê-la. A inspeção da ECT deverá constatar se as atividades relativas ao exercício da franquia postal estão de acordo com a qualidade no desempenho de atividades e no tratamento dispensado ao cliente; a otimização da rede de atendimento da ECT e a comodidade da clientela. Será uma avaliação sistêmica e periódica, pela ECT, do desempenho da AGF, a fim de verificar sua contribuição para os resultados da ECT e para a consecução dos objetivos de universalização dos serviços postais por parte da ECT;
11. As penalidades contratuais a que se sujeitam e sua forma de aplicação;

12. Os casos de extinção da franquia postal antes de vencido o prazo de vigência do contrato, respeitando porém o que dispõe a Lei que deverá ser de dez anos e poderá ser renovado, uma única vez, por igual período.

O contrato de franquia postal não poderá ser celebrado com pessoa jurídica que direta ou indiretamente explore mais de duas franquias postais, aplicando-se esse critério também aos sócios. Assim sendo, um franqueado somente poderá ter duas agências; não mais. Também não poderá, por exemplo, ter três franquias com três empresas diferentes, mas os sócios de uma também sendo sócios de outra.

O franqueado exercerá a atividade da franquia postal com exclusividade no seu território, não podendo a ECT instalar-se nele. Todavia, cabe à ECT conceder ou não a franquia postal, podendo ela, se preferir, instalar agência própria em lugar em que não haja agência franqueada.

13.7. A ausência da COF – Circular de Oferta de Franquia

Interessante é notar que a Lei da Franquia Postal não exige a antecipação da Circular de Oferta de Franquia para a celebração do contrato. Não há necessidade legal da apresentação desse documento, visto que a Lei da Franquia somente se aplica subsidiariamente. Pelo que nos parece, é dispensável, neste caso, a apresentação da COF, pois a oferta da franquia é feita no edital de licitação, em que consta ampla exposição das exigências do franqueador e as vantagens que ele oferece.

Também não há necessidade da exposição dos elementos caracterizadores do franqueador, neste caso a ECT. Todos sabem que a ECT é uma empresa pública, que detem o monopólio dos correios, e uma das maiores do País. Opera em todo o território nacional; tem número elevado de funcionários.

14. EXTINÇÃO DO CONTRATO DE FRANQUIA

- **14.1.** Execução do contrato
- **14.2.** Imprecisão terminológica
- **14.3.** A resilição
    - **14.3.1.** Resilição bilateral
    - **14.3.2.** Resilição unilateral
    - **14.3.3.** Características da resilição
- **14.4.** A resolução
    - **14.4.1.** Cláusula resolutiva expressa
    - **14.4.2.** Cláusula resolutiva tácita
    - **14.4.3.** Exceção de contrato não adimplido
    - **14.4.4.** Cláusula de onerosidade excessiva
    - **14.4.5.** Resolução por decurso de prazo
    - **14.4.6.** Resolução pela execução
- **14.5.** A rescisão
- **14.6.** A nulidade
- **14.7.** A anulação
- **14.8.** A falência
- **14.9.** A quitação

14.1. Execução do contrato

O contrato dá início a uma relação jurídica, pelo que se deduz de seu conceito: é o acordo de duas ou mais partes, para constituir, regular ou extinguir uma relação jurídica de natureza patrimonial. Todavia, as relações jurídicas não são eternas, pois não existem obrigações permanentes. Como tudo que é terreno, o contrato é efêmero; da mesma forma que tem seu início, terá seu fim. Muitos contratos já trazem o seu fim previsto no ato de sua celebração; é o caso do contrato com prazo determinado. É também o caso do contrato preliminar, que se extingue quando o contrato definitivo for celebrado. O natural destino do contrato é o seu fim, com a satisfação geral das obrigações. Entretanto, várias são as formas pelas quais um contrato se extingue, deixa de existir.

A lei regulamentadora do contrato de franquia, a Lei 8.955/94, apontou as bases do estabelecimento do contrato, mormente no que tange à COF – Circular de Oferta de Franquia, que antecede à celebração do contrato, mas não às formas de extinção. O desfazimento do contrato fica então a cargo das normas gerais sobre os contratos, como também de algumas regulamentações específicas de alguns contratos, que podem lhe ser aplicadas de forma analógica.

O diploma fundamental da teoria da extinção do contrato está expresso em nosso Código Civil, nos artigos 472 a 480, constituindo o Capítulo II. Aponta várias causas nos passos abaixo enumerados:

Seção I. Do distrato – arts. 472-473.
Seção II. Da cláusula resolutória – arts. 474-475.
Seção III. Da exceção de contrato não cumprido – arts. 476-477.
Seção IV. Da resolução por onerosidade excessiva.

14.2. Imprecisão terminológica

Casos há, porém, em que o contrato se extingue prematuramente, vale dizer, antes que seja executado, antes que as obrigações sejam totalmente cumpridas. O contrato pode se extinguir extraordinariamente pela vontade das partes ou por decisão judicial. A causa da perturbação na continuidade é geralmente o inadimplemento das obrigações pelas partes ou por uma delas.

E o inadimplemento influi de várias maneiras, provocando vários tipos de extinção, como a resilição, a resolução, a rescisão, a anulação e a anulabilidade. Nota-se que o termo "rescisão" é utilizado para as várias formas de desfazimento do contrato, mas há tecnicamente diferenças entre esses tipos de extinção. As diversas modalidades de encerramento do contrato de franquia recebem denominações específicas, tais como rescisão, extinção, execução, adimplemento, anulação, declaração de nulidade, revisão, revogação.

Não há, contudo, uniformidade na concepção desses termos, embora haja interpretação, mais ou menos estável, por parte dos juristas. Iremos então adotar uma classificação de causas de extinção do contrato com base nas disposições de nosso Código Civil e na opinião de grande parte dos doutrinadores nacionais e estrangeiros. Vamos então examinar essas causas.

14.3. A resilição

A execução dá fim ao contrato devido ao cumprimento das partes. Examinaremos agora uma das formas anormais de extinção do contrato, antes que as obrigações sejam cumpridas, ou, pelo menos, algumas obrigações ainda faltem a serem cumpridas. É possível que, em plena vigência do contrato, uma das partes se veja impossibilitada de continuar sua execução. Entra em acordo com a outra parte e ambas decidem desfazer o contrato; é a resilição, que nosso Código Civil chama de distrato, prevendo-o no art. 472. Realce-se que a resilição é uma forma anormal, mas não litigiosa, de desfazimento do contrato.

14.3.1. *Resilição bilateral*

Chamada também de distrato bilateral, as duas partes, por manifestação de vontade, decidem desfazer o contrato de franquia. Não é necessário algum motivo, a não ser a decisão dos contratantes. Alguns juristas definem o distrato como um contrato que tem por objetivo desfazer outro contrato. Essa resilição terá efeitos *ex nunc* (desde agora), isto é, surtirá efeitos a partir da data do distrato. Não terá efeito *erga omnes* = contra todos, que ficará restrito entre as partes do contrato.

14.3.2. *Resilição unilateral*

Essa resilição se dá quando uma parte decide por livre e espontânea vontade não mais dar continuidade ao contrato. Não precisa haver lesão ao contrato nem culpa. Na resilição unilateral uma das partes resolve dar fim ao contrato de franquia e manifesta à outra sua vontade unilateral. Não pode haver resilição quando o contrato for por prazo, pois haveria necessidade de uma causa para o rompimento. Será então aplicada a contrato sem prazo.

A parte que tiver decidido pela resilição deverá fazer comunicado à outra, que é chamado denúncia. A denúncia é um tipo de revogação do que a parte decidira antes; essa parte volta atrás e manifesta desejo de cancelar os compromissos assumidos. Necessário se torna que a outra parte tome conhecimento da decisão para que a denúncia se complete.

Todavia, a denúncia não é tão fácil para muitos contratos de franquia. Tomemos por base a franquia da Burger King. O franqueado faz investimentos e paga a taxa inicial da franquia; tem empregados treinados para o exercício dessa franquia; valorizou o ponto e adquiriu outros direitos de propriedade industrial. O rompimento do contrato irá causar-lhe sérios prejuízos e transformar seus bens em sucata. Por exemplo: as instalações foram adquiridas com base nas orientações do franqueador e serão privativas para franquia determinada.

Deve ser estabelecido um regimento para o caso de resilição por parte do franqueador, como, por exemplo, se o franqueador se compromete a comprar os equipamentos pertencentes ao franqueado. Por isso, o próprio Código Civil prevê certas limitações ao direito de denúncia, como se vê no artigo 473:

> *Art. 473. A resilição unilateral, nos casos em que a lei expressa ou implicitamente o permita, opera imediatamente mediante denúncia notificada à outra parte.*
>
> ***Parágrafo único.*** *Se, porém, dada à natureza do contrato, uma das partes houver feito investimentos consideráveis para a sua execução, a denúncia unilateral só produzirá efeito depois de transcorrido prazo compatível com a natureza e o vulto dos investimentos.*

14.3.3. *Características da resilição*

A resilição também não é o cancelamento do contrato. Cancelar é anular um contrato, declará-lo nulo, sem que produza efeitos. A resilição é o acordo de vontade das partes para pôr fim ao contrato, mas ele vigorou desde a sua celebração até a resilição; nesse ínterim, produziu efeitos jurídicos. A resilição produzirá efeitos *ex nunc*, ou seja, a partir da resilição do contrato; destarte, o contrato provocará algum efeito. Contudo, tanto a resilição como o cancelamento são acordos de vontades, para pôr termo ao contrato.

Nem sempre a resilição (distrato) é um acordo de vontades, mas uma declaração unilateral de vontade de uma das partes, contendo aceitação tácita ou expressa da outra. É o que normalmente acontece com o mandato: uma das partes decide não mais manter o contrato e comunica sua decisão à outra. Se essa resilição unilateral lhe trouxer prejuízo, poderá a parte prejudicada exercer reparação de danos pelo rompimento do contrato. A aplicação mais comum da resilição unilateral é no contrato de trabalho, em que é chamada erroneamente de rescisão. O empregador não pretende mais manter a relação contratual trabalhista com seu empregado e lhe dá aviso de sua decisão. É um direito potestativo do empregador, razão por que o empregado não pode se opor ao desfazimento do contrato; poderá, porém, exigir indenização pelo rompimento unilateral do contrato. O empregado pode agir da mesma forma: se não pretende mais manter em vigência o contrato de trabalho, dá aviso ao seu empregador da decisão tomada; esse aviso é chamado de "carta de demissão". O empregador não pode recusar-se ao rompimento do contrato, mas poderá exigir indenização, como, por exemplo, que o empregado lhe dê aviso-prévio.

Ao receber a carta de demissão, só resta ao empregador demitir o empregado. Extingue-se o contrato por resilição unilateral do empregado. É o exemplo de efeitos *ex nunc*, pois deixa o contrato de trabalho de produzir efeitos no momento de sua resilição. Enquanto perdurou o contrato, os efeitos se fizeram sentir e não podem ser cancelados. Nesses casos, a resilição não precisa ser de justa causa para ser pedida, embora possa ocorrer. Basta apenas dar o aviso-prévio.

É possível que as próprias partes, na celebração do contrato, insiram uma cláusula, dando a cada uma delas o direito à resilição. É o chamado *jus poenitendi* ou o direito de se arrepender. É possível também que as partes estabeleçam multa contratual em caso de resilição unilateral do contrato. É de toda conveniência essa convenção entre as partes, porquanto o contrato é, por princípio, um ato bilateral e sua resilição só pode ser feita por acordo entre as partes, seguindo o princípio de que as obrigações só se dissolvem pela forma como foram constituídas.

O contrato é um acordo de vontade entre as partes. Da mesma forma que elas são livres para contratar, são também livres para distratar. O distrato é um acordo de vontade das partes contratantes, pelo qual elas resolvem romper o contrato, extinguindo o vínculo obrigacional que estabeleceram contratualmente. Essa resolução bilateral é prevista pelo art. 472 de nosso Código Civil, de forma muito sumária. Diz que o distrato se faz pela mesma forma que o contrato.

Interpretamos essa disposição de forma mais ampla: há liberdade de contratar e a mesma liberdade para distratar. Dessa forma, as partes contratam como quiserem e distratam como quiserem. Por exemplo, duas partes estabelecem um contrato por instrumento escrito e registrado no Cartório de Títulos e Documentos, mesmo que pudessem estabelecer esse contrato verbalmente; tiveram, pois, a liberdade de escolher a forma do contrato. Se quiserem distratar, terão a liberdade de fazê-lo pela forma pela qual contrataram, ou verbalmente.

Altera-se o critério, se tiverem estabelecido um contrato solene, ou seja, a que a lei prescreve uma forma especial, como é o caso da hipoteca. As partes só poderão legalmente estabelecer uma hipoteca por escritura pública. Só poderão resilir por escritura pública; a circunscrição imobiliária não poderá registrar o distrato de uma hipoteca se for pedido esse registro verbalmente pelas partes ou mesmo por instrumento escrito, mas particular.

Assim também ocorre no contrato de franquia: a lei obriga que ele seja celebrado por escrito; o distrato, portanto, também deverá ser por escrito. Se o contrato de franquia tiver sido registrado em cartório, também o distrato deverá ser registrado.

14.4. A resolução

A resolução não é um acordo entre as partes, mas é da iniciativa e, uma delas, motivada pelo inadimplemento da outra parte no tocante às obrigações contratuais. É o contrário da execução, porque decorre da inexecução das obrigações contratuais por uma das partes, dando azo à outra parte para pedir a extinção do contrato. Não importa se a inexecução do contrato por uma das partes seja culposa ou não, mas desde que haja descumprimento da obrigação contratual, a parte prejudicada fica investida de vários direitos. Um deles é obrigar a parte inadimplente a cumprir sua obrigação ou exigir o pagamento de perdas e danos.

O terceiro *remedium juris* de que se pode valer a parte *in bonis*, ou seja, a parte inocente e solvente é pedir a resolução do contrato. A resolução é assim o rompimento unilateral do contrato, em vista da inexecução de obrigações por um dos contratantes. Uma das partes tornou-se inadimplente: deu à outra o direito de pedir a resolução do contrato. É possível inclusive que as partes contratantes aceitem previamente essa condição, estabelecendo-a no próprio contrato. Essa cláusula é chamada de "cláusula resolutiva expressa", ou "pacto comissório expresso". Esse pacto não é amplo, mas restrito, devendo indicar quais sejam as obrigações que, não sendo cumpridas, facultarão à parte adimplente a resolução do contrato.

Nossa legislação é omissa a esse respeito, mas nossa doutrina aceita as normas estabelecidas em vários países. O Código Civil italiano consagra-lhes os arts. 1.453 a 1.469, num capítulo denominado "Da resolução do contrato", sendo a cláusula resolutiva expressa reconhecida pelo art. 1.456.

14.4.1. *Cláusula resolutiva expressa*

Os contraentes podem convencionar expressamente que o contrato se resolve no caso em que uma determinada obrigação não seja adimplida de acordo com o modo estabelecido. Neste caso, a resolução se verifica de pleno direito quando a parte interessada declara, à outra, que pretende valer-se da cláusula resolutiva. A cláusula resolutória ou cláusula com condição resolutiva é um acordo inserido no contrato de franquia, estabelecendo que ele seja resolvido se ocorrer determinado fato. Digamos que num contrato de franquia haja uma cláusula dizendo que se o franqueado não instalar seu estabelecimento e iniciar suas atividades no prazo de seis meses, o contrato se resolve; ou então se o franqueador deixar de fornecer determinados insumos por período superior a quinze dias.

O nome dessa cláusula origina-se de *resolutio*, do verbo *resolvere* = dissolver, desfazer, desmanchar. Por ela, portanto, o contrato se dissolve, se desfaz, se desmancha. As obrigações de uma parte se extinguem, pois elas ficaram sujeitas a acontecimento incerto e futuro, que pode tirar delas a eficácia e romper a relação jurídica contratual estabelecida antes.

O caso mais comum de cláusula resolutória é a imposta pelo franqueador, provendo essa forma de extinção do contrato se o franqueado deixar de pagar a remuneração por dois meses seguidos; houve um fato incerto e futuro de inexecução de importante obrigação assumida.

14.4.2. *Cláusula resolutiva tácita*

Essa modalidade de resolução do contrato está prevista nos artigos 474 e 475 do Código Civil. A cláusula resolutiva pode ser expressa ou tácita. A expressa, como já vimos, consta do contrato assinado pelas partes e tem efeito *pleno jure*, ou seja, independe de denúncia pela parte inocente e sua incidência já produz efeitos jurídicos imediatos. Se não houver cláusula resolutiva expressa no contrato, será tácita, e, neste caso, dependerá de interpelação judicial. Assim se manifesta o artigo 474 do Código Civil:

> *A cláusula resolutiva expressa opera de* pleno jure;
> *a tácita depende de interpelação judicial.*

Ficam assim asseguradas à parte prejudicada pelo inadimplemento duas opções: ela poderá pedir a resolução do contrato ou mantê-lo, exigindo o cumprimento da obrigação inadimplida. Porém, nessas duas hipóteses, qualquer que seja, fica assegurado à parte prejudicada pedir indenização pelos prejuízos que tiver sofrido.

A cláusula resolutiva tácita é uma prevenção legal característica de todo contrato e é reforçada pela cláusula da *exceptio non adimpleti contractus*: se uma parte não cumpre sua obrigação, dará à outra oportunidade de resolver o contrato. É consequência natural e passagens de diversas leis vão fazendo referências a esse aspecto, que se vai generalizando. Neste caso, porém, a resolução não se opera *pleno jure*, mas deverá ser requerida pelo menos interpelação judicial. Assim sendo, a Justiça poderá decretar a resolução do contrato, com base na cláusula resolutiva tácita, condenando a parte infratora a pagamento de indenização.

O contrato de franquia, entretanto, traz a cláusula resolutiva expressa, apontando as infrações ao contrato que possam provocar a resolução dele, como, por exemplo, se o franqueado vender produto que não conste da pauta dos comercializáveis. Como, entretanto, o contrato de franquia é um contrato de adesão, o franqueador é quem elabora e impõe a cláusula resolutiva expressa ao franqueado. Por esta razão, as clausulas resolutivas que onerem o franqueador são normalmente tácitas. Outras cláusulas que beneficiem ou concedam segurança ao franqueado ficam previstas na Lei 8.955/94.

O fundamento dessa cláusula é o princípio *pacta sunt servanda*: as partes assim quiseram e elas próprias devem respeitar o que pactuaram. Respeita ainda a autonomia da vontade, uma vez que essa cláusula resulta da manifestação de vontade das partes contratantes.

14.4.3. *Exceção de contrato não adimplido*

É conveniente ressaltar que a resolução só se opera nos contratos de prestações recíprocas e onerosos, os também chamados de bilaterais. É preciso que a parte prejudicada, pela inadimplência da outra, tenha obrigações a suspender; não teria sentido a resolução de um contrato gratuito, como a doação. O doador promete fazer uma doação, mas decide não doar; o donatário pedirá então a resolução do contrato com que finalidade? Aliás, disposição nesse sentido é a constante do art. 476 de nosso Código Civil, ao dizer que, *nos contratos bilaterais, nenhum dos contraentes, antes de cumprida a sua obrigação, pode exigir o implemento da do outro*. Consagra o art. 476 a cláusula *exceptio non adimpleti contractus*, mas baseada no mesmo princípio da resolução. Também deixou clara essa mesma orientação o art. 1.453 do Código Civil italiano, que abre o capítulo sobre a resolução do contrato:

Resolubilidade do contrato por inadimplência
Nos contratos de prestações recíprocas (contratto con prestazioni corrispettive), *quando um dos contraentes não cumpre as suas obrigações, o outro contraente pode pedir, à sua escolha, adimplemento ou a resolução do contrato, salvo, em qualquer caso, o ressarcimento do dano.*

Temos falado, entretanto, em contratos resolúveis devido à existência da "cláusula resolutiva expressa". Vamos agora falar de um contrato em que essa cláusula tenha sido omitida. Essa questão é omitida também pela nossa lei, mas não pela doutrina. A maioria dos doutrinadores que se ocuparam do estudo da extinção do contrato concluiu que há em todo contrato uma "cláusula resolutiva tácita". Aplica-se assim no direito brasileiro o que estabeleceu o art. 1.453 do Código Civil italiano, retrorreferido.

Nesse caso, porém, não se pode aplicar o sistema do *dies interpellat pro homine*. A parte prejudicada deverá notificar a parte inadimplente, de que decidiu resolver o contrato por inadimplência da parte notificada. A resolução deve ser pedida judicialmente.

O pedido de resolução deve apresentar uma causa plausível, se não houver cláusula resolutiva expressa.

14.4.4. *Cláusula de onerosidade excessiva*

Em princípio, a "cláusula resolutiva tácita" deverá estar expressa na lei e por isso consta na legislação de vários países a cláusula da "excessiva onerosidade". Esta cláusula é invocada para a resolução de um contrato quando as prestações de uma parte tornaram-se excessivamente onerosas por se terem verificado acontecimentos extraordinários e imprevisíveis. A excessiva onerosidade tornou difícil, a uma parte, a execução do contrato, podendo levá-la à insolvência.

Naturalmente, a cláusula da excessiva onerosidade pode ser invocada apenas nos contratos com prestações recíprocas (bilaterais). Caso se trate de contrato com prestação a cargo de uma só parte, o contratante poderá invocar outros motivos. Deverá ainda o contrato ser comutativo. Se for aleatório, a onerosidade excessiva faz parte da álea do contrato. Como poderá uma companhia seguradora dizer que um incêndio extraordinário e imprevisível tornou o contrato de seguro excessivamente oneroso? Deve ainda ser um contrato de execução diferida ou continuada. Se for de execução instantânea, o contrato já foi executado e não há como resolvê-lo.

A resolução, fundamentada na excessiva onerosidade, deve ser requerida judicialmente pela parte gravada pela onerosidade e ameaçada de insolvência se tiver de cumprir sua prestação. Deve ainda provar cabalmente as consequências funestas que poderão ocorrer se não resolver o contrato; precisará demonstrar a ocorrência da excessiva onerosidade, a superveniência de acontecimentos extraordinários e imprevisíveis e o nexo entre esses acontecimentos e a onerosidade. Não se pode deixar ao arbítrio da parte, gravada pela onerosidade, a resolução do contrato; ela só pode ser decretada judicialmente. O contratante contra o qual for pedida judicialmente a resolução poderá, contudo, contestá-la e oferecer uma modificação contratual que equilibre as prestações previstas no contrato. Estamos vendo, destarte, a aplicação da cláusula *rebus sic stantibus*, calcada na "teoria da imprevisão".

Em contrapartida, abre a lei a possibilidade de garantia à parte que tiver sua segurança ameaçada pelo desequilíbrio da outra, podendo pedir reforço de garantia. É o que está assegurado no artigo 477:

> *Se, depois de concluído o contrato, sobrevier a uma das partes contratantes diminuição em seu patrimônio capaz de comprometer ou tornar duvidosa a prestação pela qual se obrigou, pode a outra recusar-se à prestação que lhe incumbe, até que aquela satisfaça a que lhe compete ou dê garantia bastante de satisfazê-la.*

Os dois artigos retrocitados, isto é, 476 e 477, fazem parte da seção "Da Exceção de Contrato Não Cumprido".

14.4.5. *Resolução por decurso do prazo*

Geralmente os contratos de franquia são estabelecidos a prazo, embora a lei não especifique qual será esse prazo. É comum o prazo de 3 a 5 anos. A extinção pelo decurso do prazo é uma espécie de execução: as partes executaram suas obrigações, cessando então os compromissos e o contrato não tem mais razões de existir. Contudo, pode haver cláusula prevendo sua prorrogação e, mesmo que não haja, nada impede que antes do final convencionem prorrogá-lo.

Trata-se de um caso de extinção com o adimplemento por ambas as partes, e por causas contemporâneas à sua formação, ou seja, a causa da extinção já é prevista antes da execução do contrato.

14.4.6. *Resolução pela execução*

A forma normal de extinção de um contrato é a sua execução, também chamada de solução. Observa-se quando todas as partes cumprem as obrigações decorrentes do contrato. Exemplo é o contrato de compra e venda em que um fumante compra um maço de cigarros e paga o preço dele: o vendedor entregou a mercadoria e o comprador pagou o preço. Se as duas partes cumpriram sua prestação, o contrato deixou de existir, extinguiu-se. É a natural solução do contrato; atingiu seu objetivo.

A causa da resolução é o implemento da prestação de ambas as partes; estas assumiram obrigações e as cumpriram, razão por que o contrato perdeu seu objeto. Tomemos como exemplo o simples e sugestivo contrato de pastelaria: o cliente compra e paga o pastel: o "china" fornece o pastel e recebe o preço dele. Foi contrato perfeito e acabado: as duas partes cumpriram sua prestação e não têm mais nada a reclamar. O contrato se perfez, se cumpriu e encerrou, portanto, resolveu-se. O objetivo foi atingido no tempo, no modo e nas condições estipuladas.

É o que acontece no caso anterior, isto é, quando for contrato a prazo. Esse tipo de resolução cabe no contrato de franquia, se ele for a prazo. Vencido o prazo, o contrato se resolve se franqueador e franqueado cumpriram a prestação nele prevista. Sobram, porém, algumas sequelas, de acordo com o que constar no contrato. As instalações adquiridas pelo franqueado, conforme especificações do franqueador, poderão ser usadas pelo franqueado, em sua nova atividade? O franqueador poderá adquirir essas instalações a preço preestabelecido? O franqueado poderá instalar no seu local uma atividade concorrente com o antigo franqueador? Essas dúvidas deverão ser previstas no contrato.

14.5. A rescisão

A rescisão se dá quando houver lesão injusta aos interesses de uma das partes. É uma forma de extinção do contrato, pedida por uma das partes, que se sente lesada, sendo assim obrigada a recorrer à Justiça. Distingue-se da resilição, pois não há acordo entre as partes para pôr fim ao contrato.

Nosso Código Civil não regulamentou um sistema de extinção das relações contratuais. A rescisão deixou de ser prevista pela lei brasileira, razão pela qual o termo "rescisão" é empregado indistintamente, às vezes no lugar de resilição, outras de resolução. Na linguagem jurídica, contudo, é conveniente que cada termo seja utilizado no seu específico sentido. Da mesma forma que a resolução, o Código Civil italiano regula a rescisão em capítulo próprio, denominado "Da rescisão do contrato", com os arts. 1.447 a 1.452.

O art. 1.447, ao mesmo tempo em que estabelece o direito de rescisão, traz um aspecto conceitual dela. Esse artigo diz que o contrato em que uma parte assumiu obrigações em condições iníquas, pela necessidade de salvar a si ou a outrem de perigo atual de dano grave à pessoa, pode ser rescindido, a pedido da parte que se obrigou em demasia. Esse artigo cuida do "contrato concluído em estado de perigo". Exemplo frisante é o de um paciente em crise de apendicite que contrata com um médico uma operação. Ante essa desigualdade de poder de barganha, o médico se aproveita para exigir um preço acima do normal.

Além do "estado de perigo", previsto no art. 1.447, o Código Civil italiano prevê, no art. 1.448, o "estado de necessidade". É o caso de um contrato assinado por um contraente premido por necessidades que o levam ao desespero, incapacitando-o de agir sem injunções. Esse "estado de necessidade" é também reconhecido no direito brasileiro, referido no parágrafo único do art. 160

de nosso Código Civil. Contrato assinado por pessoas com esse estado de espírito tende a ser desproporcional quanto às prestações de cada parte, sendo passível de pedido de rescisão pela parte prejudicada.

Muitos juristas brasileiros, inclusive Pontes de Miranda, não concordam com o critério italiano, que, para nós, seria **anulação** e não **rescisão**. Poder-se-ia requerer judicialmente a declaração de nulidade ou a anulabilidade do contrato assinado naquelas condições. Além disso, a causa da anulabilidade não é o inadimplemento de obrigações que lesionem o contrato, mas causa anterior ao contrato. Destarte, se não há lesão ao contrato não há falar em rescisão.

Fizemos já estudo pormenorizado das obrigações do franqueador e do franqueado, previstas pela lei e, constantemente, constam do contrato de franquia. A infração a qualquer das obrigações previstas, que possa causar prejuízo à outra, constitui causa para a rescisão.

Vamos citar um exemplo: o franqueado deixa de pagar a remuneração ao franqueador durante vários meses. Seu ato provocou prejuízos à parte inocente, o que dá a esta o direito de pedir a rescisão do contrato e exigir reparação de perdas e danos.

Olhando pela outra parte, digamos que o franqueador deixe de suprir o franqueado com os insumos necessários à produção. Causará a quebra nas vendas, com prejuízos vários ao franqueado; essa lesão ao contrato será motivo para rescindi-lo e consequente reparação. Esse é o fundamento que caracteriza a rescisão no direito brasileiro: a lesão ao contrato, com o consequente prejuízo à parte inocente. Não se trata de simples inadimplemento de obrigações.

Um singelo, mas muito claro artigo, publicado na Internet, nos dá um conceito de rescisão, que bate com as nossas considerações, motivo por que julgamos melhor transcrevê-lo *ipsis literis*:

> *Após a celebração de um contrato, qualquer uma das partes pode pedir a rescisão do mesmo, desde que preenchidos alguns requisitos.*

Se o contrato foi celebrado com a observância de todos os preceitos legais, e as partes estão cumprindo estritamente o convencionado, o mesmo não pode ser rescindido.

Entretanto, o inadimplemento do mesmo por uma das partes dá ensejo ao pedido de rescisão pela outra. O inadimplemento pela doutrina, é uma das modalidades de inexecução voluntária de uma obrigação. E para que se opere a resolução (ou rescisão) contratual por inexecução voluntária de uma das partes, são necessários três requisitos:

O primeiro é o inadimplemento do contrato, por culpa de um dos contratantes.

O segundo requisito, é que exista um dano causado pela parte inadimplente à outra.

O terceiro é que exista a ligação (nexo de causalidade) entre o prejuízo de uma das partes, e o comportamento ilícito da outra.

14.6. A nulidade

Outro modo de extinção das relações contratuais é o da nulidade. Ainda nesse aspecto, nossa lei é omissa, mas o contrato é um ato jurídico e, assim sendo, amolda-se à teoria da nulidade dos atos jurídicos, expressa nos arts. 166 a 184 de nosso Código Civil. Nosso código entretanto prevê dois tipos de nulidade: a absoluta (arts. 166 a 170) e a relativa (arts. 172 a 184), esta última chamada de anulabilidade. Diferenciam-se bastante os dois tipos de nulidade e sob diversos aspectos: da prescrição, da pessoa que alega a nulidade, da ratificação, da natureza e dos efeitos que produzem.

Nossa primeira preocupação é caracterizar bem quando o contrato é nulo e quando é anulável. Temos de voltar às considerações sobre a forma e os requisitos do contrato, pois esses elementos constituem as causas da nulidade. Decorre normalmente a nulidade, absoluta ou relativa, do contrato por defeito de forma, pela falta de elementos subjetivos, como nas perturbações da manifestação de vontade, pela transgressão às normas que os regem e outros fatores.

O contrato poderá ser declarado nulo só pela Justiça, não cabendo às partes essa declaração, nem tampouco a terceiros que tenham interesse no contrato. Poderão essas partes requerer a nulidade perante a Justiça. O principal aspecto da nulidade do contrato refere-se aos efeitos que ela produz. Se o contrato for declarado nulo, cessam seus efeitos desde o dia em que ele foi celebrado; assim, a nulidade produz efeitos *ex tunc* (desde então). Se ele é nulo desde o momento em que foi criado, nenhum de seus efeitos tem validade (*Quod nullum est nullum producitur effectus*).

Há diversas causas para a nulidade do contrato. A principal é quando lhe falta um elemento essencial. Nulo é o contrato que tenha objeto não permitido pela lei, como produção de armas atômicas, o loteamento do Vale do Anhangabaú, a manutenção de hospital para abortos ou de um cassino. Contratos desse tipo já trazem em sua formação os germes da nulidade, por afrontar a ordem pública e a lei. Igualmente nulo é o contrato com objeto impossível ou estapafúrdio, como plantação de ouro. A lei nega-lhes efeito, ou os proíbe.

Outro motivo da nulidade é a incapacidade jurídica da pessoa que celebrar o contrato; não pode ser ele celebrado por pessoas absolutamente incapazes de exercer pessoalmente os atos da vida civil, os menores de 16 anos, os legalmente incapazes, os surdos-mudos que não puderem exprimir a sua vontade, e os ausentes, declarados tais por ato do juiz. Essa enumeração é incompleta e merece vários reparos. Refere-se apenas a pessoas físicas, mas a incapacidade atinge pessoas jurídicas também. Uma sociedade mercantil falida ou dissolvida, uma sociedade de fato, uma autarquia não podem celebrar contratos de certos tipos.

Os menores de 16 anos são absolutamente incapazes, mas normas jurídicas foram atenuando esse absolutismo. Podem eles celebrar contrato de trabalho e manter uma conta-corrente bancária, para o crédito de seus salários. Podem ainda celebrar contratos por intermédio de seu representante legal. Assim sendo, será nulo todo contrato assinado por um interdito ou por uma pessoa jurídica que assine por intermédio de um interdito como representante legal.

Outro caso de nulidade absoluta é a inobservância dos aspectos formais do contrato. É nulo o contrato celebrado de maneira proibida pela lei ou que não obedeça à forma determinada pela lei, ou que tenha preterido alguma solenidade que a lei considera essencial para a sua validade. Por exemplo, um contrato de compra e venda de imóvel só pode ser realizado por escritura pública. Vários contratos só podem ser realizados por escrito.

A nulidade de um contrato decorre normalmente de um vício crônico, de tal maneira grave, que o inquina de nulidade. Esse vício ofende a lei, a ordem jurídica, a moral e os bons costumes, a segurança nacional ou interesse público. São bens coletivos, a serem tutelados pela lei; por essa razão, a nulidade pode ser pedida não apenas por uma das partes, mas por terceiros, pelo Ministério Público. Pode ainda a nulidade ser decretada *ex officio* pelo juiz.

A Lei 8.955/94 prevê alguns casos de anulabilidade da franquia, nos artigos 4ª e 7ª, dizendo o artigo 4º:

A Circular Oferta de Franquia deverá ser entregue ao candidato a franqueado no mínimo 10 (dez) dias antes da assinatura do contrato ou ainda do pagamento de qualquer tipo de taxa pelo franqueado ao franqueador ou a empresa ou pessoa ligada a este.

Parágrafo único. *Na hipótese do não cumprimento do disposto no "caput" deste artigo, o franqueado poderá arguir a anulabilidade do contrato e exigir a devolução de todas as quantias que já houver pagado ao franqueador ou a terceiros por ele indicados, a título de taxa de filiação e "royalties", devidamente corrigidas pela variação da remuneração básica dos depósitos de poupança mais perdas e danos.*

Outro caso de anulabilidade é exposto no artigo 7º, impondo a mesma sanção:

A sanção prevista no parágrafo único do artigo 4º desta Lei aplica-se, ao franqueador que veicular informações falsas na sua Circular de Oferta de Franquia, sem prejuízo das sanções penais cabíveis.

14.7. A anulação

A anulabilidade, ou nulidade relativa, não apresenta vícios e deficiências tão radicais, como na nulidade absoluta. Essas deficiências são sanáveis, fazendo com que um contrato aparentemente nulo e sem eficácia passe a produzir efeitos. É o caso do contrato celebrado por um menor relativamente incapaz (não absolutamente incapaz). Entretanto, ninguém tentou anular esse contrato e o menor atingiu a maioridade e ratificou seus atos contratuais. Esse contrato tornou-se válido; não era nulo, mas anulável.

O vício ínsito num contrato anulável não ofende o interesse público, mas a segurança das partes envolvidas. Destarte, a anulação pode ser requerida apenas pelas partes contratantes. A principal característica do contrato anulado é que a anulação produz efeitos *ex nunc*, ou seja, ele se extingue com a anulação. Vigorou porém desde a celebração até a anulação. Produziu efeitos e criou obrigações que não se revogam. Assim sendo, será bastante esclarecedor um paralelo entre a nulidade e a anulabilidade entre os dois tipos de contrato, com suas diferenças frisantes:

Anulável:
1. Produz efeitos *ex nunc* (desde agora), ou seja, a anulação vigora a partir dela;
2. O vício é sanável, podendo ser ratificado;
3. Pode ser requerida só pelas partes;
4. Ofende o interesse particular;
5. É prescritível;
6. Produz alguns efeitos.

Nulo:
1. Produz efeitos *ex tunc* (desde então), ou seja, retroage até a data da celebração;
2. O vício é insanável, não podendo ser ratificado;
3. Pode ser requerida pelas partes, por terceiro, pelo Ministério Público ou decretada *ex officio*;

4. Ofende o interesse coletivo;
5. É imprescritível;
6. Não produz qualquer efeito.

14.8. A falência

A falência de uma parte ou da outra não constitui motivo legal para a cessação do contrato de franquia, vale dizer, a Lei de Recuperação de Empresas, surgida com a Lei 11.101/05, abre a possibilidade de manutenção do contrato, com a continuação da empresa falida, ficando a cargo do Administrador Judicial decidir por ela. Portanto, a falência não implica a extinção do contrato. Por esta razão, será conveniente constar do contrato de franquia como ficará a situação das partes.

Entretanto, se a franquia não provoca o fim do contrato, dificulta a sua manutenção. Vamos examinar de perto a situação de um franqueado em falência: ainda que tenha sua falência decretada, é possível que a Justiça concorde com a *continuação do negócio na falência*. Contudo, em estado falimentar, os dirigentes da empresa falida são afastados e ela será dirigida pelo Administrador Judicial, que, provavelmente, não é especializado nesse ramo de atividade. Além disso, o Administrador Judicial não irá se dedicar de corpo e alma à atividade, como faria o **dono do negócio**. Some-se a tudo que o Administrador Judicial não tem plena liberdade de ação, porquanto atua sob a supervisão do juiz e é acompanhado pelo Ministério Público. Por outro lado, uma empresa falida não pode inspirar confiança a outras, que agirão sempre de forma cautelosa.

Se a falência for do franqueador, os problemas serão semelhantes. Por essas e ainda por outras mais razões, é de bom alvitre seguir o costume dos principais franqueadores, que inserem no contrato cláusula resolutiva, dizendo que o contrato se resolverá se houver falência de qualquer das partes.

14.9. A quitação

A quitação é válida, qualquer que seja a sua forma, ou seja, não precisa ser feita da mesma forma do contrato. A expressão "qualquer que seja a sua forma" não pode ser interpretada de modo radicalmente literal. Em sentido geral, a quitação deve ser dada na forma prescrita pelo Código Civil; por exemplo, deverá ser por escrito, pois deve conter a assinatura de quem a deu. Assim, o pagamento em dinheiro pede um recibo escrito, assinado pelo credor, contendo o dia da quitação, a forma do pagamento (em dinheiro ou cheque ou de outra maneira) e a que se refere esse pagamento. A quitação dada por um contratante prova que a outra parte cumpriu a obrigação que lhe cabia.

15. A SOLUÇÃO ADEQUADA DE CONTROVÉRSIAS EMPRESARIAIS: ARBITRAGEM

- **15.1.** Necessidade de fórmulas alternativas de solução de problemas
- **15.2.** Características e vantagens da arbitragem
- **15.3.** Tipos de arbitragem
- **15.4.** Como se institui o juízo arbitral
- **15.5.** O passivo judicial das empresas
- **15.6.** A remuneração da arbitragem
- **15.7.** As raízes brasileiras da arbitragem

15.1. Necessidade de fórmulas alternativas de solução de problemas

Após as considerações ponderáveis a respeito da CCI – Câmara de Comércio Internacional, necessário se torna expor a mais importante contribuição dessa organização internacional de direito privado para o progresso do Direito Empresarial e o Direito do Comércio Exterior, bem como das próprias atividades empresariais. Logo após a sua constituição, a CCI – Câmara de Comércio Internacional, instalou, em 1922, o seu mais importante órgão: a CIA – Corte Internacional de Arbitragem. Não se trata apenas da montagem de um órgão judicante, mas da implantação de um sistema judiciário, com regras e princípios definidos e consolidados.

Não há um poder judiciário internacional, a justiça pública universal. O foro competente para julgar questões internacionais, com predominância na área contratual, é estabelecido pelas próprias partes na cláusula de eleição de foro. No plano nacional há certas limitações à eleição de foro pelas partes, pois o Código de Processo Civil impõe normas sobre o foro competente.

Nessas condições, empresas de países diferentes poderão celebrar contrato com a eleição do foro competente para dirimir quaisquer controvérsias entre elas perante a justiça de um dos países a que pertença algumas delas ou, então, no foro de qualquer dos países. Poderiam ainda concordar com que certas questões sejam resolvidas num país e outras em outro país. Entretanto, não seria apenas a escolha do foro a preocupação das empresas contratantes, mas também o direito a ser aplicado: de um país ou de outro? Se ambos ao mesmo tempo? De alguma convenção internacional? Dos costumes internacionais, como a *"Lex mercatoria"*?

Outros problemas mais delicados envolvem a solução de litígios empresariais, quer internacionais, quer nacionais. As vias costumeiras de solução têm apresentado sensível inadequação para o exame de divergências entre empresas engajadas num contrato. Por estas e por outras razões, as normas internacionais penetram no Brasil, transformando-se em direito nacional, como foi o caso da arbitragem.

A moderna vida empresarial, desenvolvida no mundo caracterizado pela produção em série, pela aplicação da tecnologia nas atividades produtivas, pela informática, pela era da globalização e crescente internacionalização das atividades empresariais, pela formação de inúmeros contratos novos e complexos, pela formação de blocos econômicos, como o MERCOSUL e a UNIÃO EUROPEIA, introduziu profundas modificações nas operações econômicas. Os modernos contratos empresariais desgarram-se dos modelos tradicionais, criados pelo direito romano. A cada dia que passa, alastra-se a aplicação do contrato de adesão, prática desconhecida há pouco tempo. Os contratos são híbridos, formados por pedaços de outros e cláusulas de moderna criação, como a *"acceleration clause"*, de *"hardship"*, de "força maior". Basta examinar o "contrato de alienação fiduciária em garantia", calcado numa dezena de institutos jurídicos, mesmo tradicionais, mas de novos matizes. Os problemas são novos, imprevistos, inusitados.

Para a solução de problemas novos e inusitados, temos que criar mecanismos novos de solução. Não podemos resolver os modernos problemas empresariais utilizando-se de mecanismos seculares, criados para a resolução de conflitos empresariais do século passado. É de se criar fórmulas alternativas de resolução de pendências, aliás, já em aplicação e desenvolvimento no Brasil e no restante do mundo, com pleno sucesso.

Tradicionalmente, o esquema de solução de lides é por meio da justiça pública, exercida pelo Poder Judiciário. O direito em que se fulcra o julgamento judicial é o legislado, de inspiração romana, consubstanciado principalmente no Código Comercial e no Código Civil. Esse esquema tradicional revela-se hoje inteiramente defasado, anacrônico e inadequado. Sua manutenção tem causado imensos prejuízos ao País, tornando a situação bastante grave, embora suportável. Dentro em breve, porém, a tolerância terá o seu fim. O Poder Judiciário no Brasil, como na maioria dos países, está acéfalo, sucateado e emperrado. Não cumpre a sua missão, nem terá condições de cumpri-la, uma vez que essa situação calamitosa agrava-se de forma assustadora. A demora na solução de tão angustiante problema vem causando inquietações, desavenças e até explosões de revolta.

Atualmente está em andamento a Comissão Parlamentar de Inquérito para encontrar soluções. Os órgãos de comunicação expõem constantemente essas circunstâncias, de maneira às vezes bombástica e sensacionalista, abafando a divulgação de fórmulas sensatas e científicas, levantadas por juristas e magistrados. Em nosso parecer, tais comissões examinam um problema insolúvel; portanto, será tempo perdido desenvolver tais estudos. Só após a adoção de arbitragem poder-se-á pensar no aprimoramento do Judiciário e na solução de seus problemas.

Por esta razão, a **ABF – Associação Brasileira de** *Franchising* constituiu sua **Câmara de Arbitragem**, para resolver possíveis conflitos de ideias sobre o contrato e sua execução entre franqueadores, franqueados e outras pessoas envolvidas numa questão de franquia. Se, por exemplo, franqueador e franqueado tiverem uma controvérsia e fossem à Justiça Pública em processo judicial, criaria sério impasse para o relacionamento entre eles e iriam se digladiar durante anos, e, ao final, sem encontrar a solução.

15.2. Características e vantagens da arbitragem

A sensatez está, pois, em reconhecer a inviabilidade do esquema tradicional de solução de litígios e adotar novas fórmulas paralelas, consentâneas com o mundo moderno e as necessidades da sociedade, mormente no que tange às empresas. Os novos esquemas devem atender às características essenciais para que a justiça se exerça: rapidez, sigilo, adequação jurídica, confiabilidade, baixa contenciosidade, especialidade. São características exigidas pela nova ordem econômica e jurídica nacional e internacional e pela moderna orientação empresarial. O sistema tradicional de resolução de lides, vale dizer, a solução judiciária, não atende a qualquer dessas exigências fulminando as seculares formas processuais. Há necessidade de falarmos sobre as vantagens da arbitragem, como forma alternativa de resolução de disputas.

A primeira delas e por razões de importância é a rapidez na solução de problemas empresariais. Não pode a empresa moderna ficar na dependência de soluções judiciárias para continuar sua vida. O tempo normal da morosidade da justiça para a resolução definitiva de um processo é de dez anos, o que perturba e amarra o desenvolvimento das atividades empresariais.

Um importante conglomerado de órgãos de comunicação, verdadeiro império econômico, encontra-se em estado pré-falimentar, com impostos atrasados e salários sem pagar, ameaçado de fechamento com incontáveis prejuízos à coletividade. Várias soluções já foram apresentadas, mas todas esbarram na espera de certas soluções judiciais que se eternizam. Está *sub judice* o direito de propriedade da maioria das ações da empresa, aguardando o fim de processos que estão correndo há mais de dez anos. Inúmeras empresas encontram-se na mesma situação: não podem tomar importantes decisões, por aguardarem algum provimento judicial, com interminável espera.

A maioria das empresas brasileiras encontra-se em esquisita e delicada situação quanto ao cumprimento de contratos. Se duas empresas têm problemas a resolver, referente a um contrato que celebraram, necessário se torna que tais problemas sejam resolvidos de forma justa, adequada e rápida. Caso contrário, o relacionamento entre elas estará detido ou tumultuado e o cumprimento do contrato ameaçado. O velho brocardo de que "a justiça tarda, mas não falha" é uma falácia, uma enganação: se a justiça tarda, ela já é falha. Mais precisamente, a justiça tardia é a negação da justiça; é justiça inexistente. É, pois, o apanágio da justiça moderna, de pretensão empresarial: a celeridade. E não se pode alegar o provérbio de que a pressa é inimiga da perfeição; não se requer pressa, mas presteza.

Examinemos a segunda exigência empresarial para a justiça considerada conveniente: o sigilo. Não é do interesse das empresas que suas divergências referentes à interpretação da execução de um contrato se tornem do domínio público. Nem é interesse delas que seus contratos fiquem no fórum, à disposição de quem possa se interessar. As discussões empresariais podem ter utilidade para a concorrência, mas são de enorme inconveniência para as empresas. Predomina no processo judicial o princípio da publicidade, excetuando-se alguns casos de segredo de justiça. Discute-se num processo, muitas vezes, segredo de fábrica, como a fórmula de um remédio, comportamento financeiro de empresa, direitos reservados, tecnologia de produção, "*know-how*", dificuldades de caixa, cuja divulgação traz manifestos prejuízos para as partes.

Em terceiro lugar, podemos nos referir à maleabilidade da arbitragem na adoção do direito aplicável, sem a rigidez do direito comum, continuador da rigidez romana. As partes desfrutam mais esta faculdade: além da livre escolha dos juízes arbitrais, fica-lhes reservada também a livre escolha do direito aplicável no julgamento. Cada caso examinado apresenta características próprias, afastando-se da aplicação de normas tradicionais do direito de inspiração romana. O juiz togado encontra-se inibido de adequar o direito à solução do processo em tela, apesar de a Lei de Introdução ao Código Civil, no art. 5º, dar-lhe a faculdade de liberalizar a aplicação da lei, ao dizer que poderá ele levar em conta os fins sociais a que ela se dirige e as exigências do bem comum. O juiz arbitral está mais à vontade, desde que as partes tenham decidido lhe dar essa liberdade. É-lhe possível então desvencilhar-se do anacrônico, superado e rígido direito criado há 2.000 anos e a dez mil quilômetros de São Paulo. No julgamento de questão referente a franquia, as partes iriam naturalmente se apegar ao Código de Autorregulamentação da Franquia da ABF, que poderia ser impugnada por uma das partes, por não ser instituído por lei.

Outro aspecto a ser considerado é o da confiabilidade do julgamento arbitral. O árbitro, ou os árbitros, são escolhidos pelas partes, sendo-lhes, portanto, facultado arredar do julgamento de sua questão quem não lhe mereça confiança. Não poderá qualquer das partes reclamar da decisão arbitral, visto que o prolator da sentença teve a sua aprovação antes de iniciar-se o processo. Durante o processo poderão ser levantadas exceções.

Como quinta característica desse esquema de solução de litígios empresariais deve ser citada a especialidade. A complexidade das modernas relações empresariais criou um novo direito e os problemas são de tal maneira *sui generis* que dificilmente poderão ser analisados, compreendidos e julgados a não ser por pessoas especializadas. Apontemos, como exemplo, o que ocorre com numerosos julgamentos referentes à prestação de serviços médicos: são problemas de tal maneira especializados que só poderão ser julgados por pessoas especializadas. O juiz, de formação jurídica, pode-se servir de laudos técnicos, apresentados pelas partes e por assistente técnico da escolha judicial, conforme preceitua o Código de Processo Civil. Esse sistema é superado e ineficaz há muitos anos, razão pela qual se eternizam as questões em julgamento.

Chegamos agora à última das seis características levantadas, como as mais importantes, malgrado haja muitas outras deixadas de lado, por não apresentarem a mesma relevância. É o alto nível das discussões, a baixa contenciosidade. Problema sério do direito atual e da vida forense, causando dificuldade e ineficácia ao próprio Poder Judiciário, é a elevada contenciosidade dos processos judiciais. Longa série de fatores acirra o ânimo das partes, fazendo-as descer ao nível dos insultos e revelações inconvenientes. O pretório transformou-se numa arena de digladiadores em luta encarniçada. Essas circunstâncias dificultam o andamento do processo, o julgamento da questão e a eficácia da solução. Urge encontrarmos o meio adequado de arrefecimento dos ânimos, sem o que não se poderá chegar a soluções adequadas. Essa troca de farpas e insultos não pode caber em discussões de problemas empresariais. Empresas não têm sentimentos feridos; não têm honra e outros sentimentos próprios de pessoa natural. Empresas têm interesses a tratar; direitos a defender. Seu interesse é a justa composição da lide e a minimização de prejuízos.

15.3. Tipos de arbitragem

É conveniente referir-se aos vários tipos de arbitragem. São de direito público ou de direito privado, nacional ou internacional, civil ou empresarial. A arbitragem de direito público é a que se aplica ao julgamento de divergências entre países ou pelo Estatuto da Corte Permanente de Arbitragem, órgão sediado em Haia (Holanda), existente há mais de um século. Não é desse tipo de arbitragem, a que estamos nos referindo, mas trataremos da arbitragem empresarial. A arbitragem pode ser nacional e internacional. Será nacional, se dirimir controvérsias entre empresas nacionais ou quando aplicar a lei de um só país. A internacional julga questões que exijam a aplicação da lei de dois ou mais países.

O que estamos examinando, porém, é a arbitragem empresarial, de direito privado e essencialmente nacional. É ela regulamentada pela Lei 9.307/96, chamada de Lei da Arbitragem ou Lei Marco Maciel, por ter sido da iniciativa do Vice-presidente da República. Trata-se de lei de boa feitura, ampla na sua disposição, dando eficácia à arbitragem. Regulamenta, em vários capítulos, a instauração da arbitragem, os árbitros, o procedimento arbitral, as normas aplicáveis, a sentença arbitral, a homologação de sentenças estrangeiras.

Para melhor compreensão dessa lei, temos, entretanto, de nos referir a outros diplomas jurídicos que a inspiraram, mesmo porque possuem eficácia no Brasil. A primeira invocação, no nosso caso, é o Regulamento da CIA – Corte Internacional de Arbitragem, órgão pertencente à CCI – Câmara de Comércio Internacional.

A maioria dos contratos internacionais trazem cláusula de eleição de foro, escolhendo a CIA como órgão julgador, ou, então, aplicando o estatuto desta, ainda que esteja o julgamento a cargo de outra câmara arbitral.

Duas convenções internacionais regulamentaram a arbitragem num sentido geral, celebradas em Genebra em 1923 e 1928. O Brasil participou dessas convenções, transformadas em leis brasileiras. Importantíssima foi a Convenção de Nova York, regulamentando a arbitragem privada, mas o Brasil infelizmente não aderiu a essa convenção. Como, entretanto, se trata de convenção adotada pelos principais países, somos obrigados a obedecê-la se ela for invocada em contratos empresariais.

Importante ainda é a Lei Modelo da UNCITRAL, de que faremos algumas referências. A ONU vem divulgando em todos os países a cultura da arbitragem, trabalhando intensamente para manter certa uniformidade na legislação arbitral dos países que a adotarem. Este trabalho processa-se graças a dois órgãos da ONU:

UNCITRAL – United Nations Conference on International Trade Law

Este órgão tem várias funções. A principal delas é a elaboração de um código comercial internacional, visando à harmonização e uniformização do direito empresarial no mundo todo. Enquanto esse código não sai, a UNCITRAL desenvolve ação divulgando a regulamentação de contratos internacionais e colaborando com os países, no estabelecimento de legislação de direito empresarial, atendendo a essa uniformização.

A UNCITRAL conta com a assistência técnica da CCI, na elaboração de normas a serem aplicadas na regulamentação do comércio internacional (TRADE). Se fôssemos considerar esse órgão da ONU em nosso idioma, poderíamos chamá-lo CNUDCI – Conferência das Nações Unidas para o Direito do Comércio Internacional. A ação de maior interesse no que tange à arbitragem é que a UNCITRAL elaborou a lei-modelo de arbitragem, com a colaboração técnica da CCI. Essa lei-modelo é bem ampla e genérica, de tal forma que a arbitragem pode ser adaptada em qualquer país. Vários países reformularam sua legislação, com base nela. Foi o que aconteceu com o Brasil, cuja lei básica da arbitragem, a Lei 9.307/96, incorpora muitas disposições da lei--modelo da UNCITRAL e de convenções internacionais.

UNCTAD – United Nations Conference on Trade and Development

Este órgão da ONU atua paralelamente à UNCITRAL, mas esta é um órgão jurídico, enquanto a UNCTAD ocupa-se das práticas do comércio internacional, procurando regulamentar as operações econômicas internacionais, visando a desenvolvê-las e harmonizá-las. Uma das formas para atender a esse objetivo é a da aplicação da arbitragem para a resolução de disputas no comércio internacional.

15.4. Como se institui o juízo arbitral

É preciso que as partes estejam de acordo; é uma opção das partes. Podem elas apelar para a justiça pública, mas, se não quiserem assim, apelarão para a arbitragem. Não pode haver imposição da arbitragem; ela depende de uma convenção entre as partes: é, portanto, uma justiça convencional. Essa convenção é chamada de **convenção arbitral.**

Quem poderá requerer a arbitragem e em quais casos é o que a lei vai dispor. Segundo o art. 1º da Lei da Arbitragem:

> *As pessoas capazes de contratar poderão valer-se da arbitragem para dirimir litígios relativos a direitos patrimoniais disponíveis.*

Toda empresa registrada na Junta Comercial será parte capaz de contratar. O registro no órgão público competente dá à empresa personalidade jurídica, ou seja, capacita-a a adquirir direitos e contrair obrigações. Poderá, portanto, celebrar a convenção arbitral, que apresenta as características de um contrato. Todos os direitos de uma empresa são disponíveis, vale dizer, admitem transação. Por tais razões, a arbitragem é um instituto tipicamente empresarial, malgrado seja aplicado a relacionamentos jurídicos na órbita civil. É também capaz, a sociedade civil, mesmo que não registrada na Junta Comercial, mas no órgão próprio.

A convenção arbitral pode ser porém de dois tipos, os quais determinarão dois tipos de arbitragem.

Compromisso

É a convenção celebrada pelas partes para a resolução de uma controvérsia já existente entre elas, questão esta que poderá até mesmo estar sendo discutida na justiça. Haverá, então, o compromisso judicial e o extrajudicial.

O compromisso arbitral judicial será celebrado por termo nos autos, perante o juízo ou tribunal em que tem curso a demanda. Neste caso, o juiz extinguirá o processo, liberando os autos para as partes, a fim de serem encaminhados ao juízo arbitral. Aliás, o Código de Processo Civil prevê como uma das causas para a extinção do processo, no inciso VII, a convenção de arbitragem.

Cláusula compromissória

Esta convenção arbitral é uma cláusula inserida num contrato. Os contratos trazem normalmente a cláusula denominada *eleição de foro*. Poderá também esta cláusula estabelecer que possíveis divergências entre as empresas contratantes devam ser resolvidas por arbitragem, indicando, ainda, a que órgão arbitral institucional ou entidade especializada perante os quais a arbitragem será instituída e processada. Como órgão arbitral institucional, podemos apontar, como exemplo, a CIA – Corte Internacional de Arbitragem e como entidade especializada a Associação Brasileira de Arbitragem – ABAR, ou a Arbitragio Câmara de Mediação e Arbitragem em Relações Negociais. Há muitas outras cortes arbitrais em São Paulo e em várias cidades brasileiras.

Fala a cláusula compromissória de um potencial litígio; ele ainda não existe, mas poderá surgir a qualquer momento. Esse tipo de convenção antecede ao litígio, tendo, pois, um caráter preventivo. A solução de uma controvérsia ficou prevista pela cláusula compromissória, constando no próprio contrato sobre o qual passa a haver alguma dúvida futura. Esta cláusula deve ser estipulada por escrito, podendo estar inserta no próprio ou em documento apartado, que se refira a esse contrato. É de natureza contratual, pois é estabelecida por comum acordo e só se refere a um contrato. É mais uma razão para apoiar a ideia de que a arbitragem é aplicável marcantemente na área contratual. Não existe no direito brasileiro cláusula compromissória a não ser referente a um contrato e estabelecida de forma contratual.

Procurou precaver-se a lei brasileira quanto aos abusos que possam originar-se do contrato de adesão, tipo de contrato muito em moda hoje em dia e de crescente domínio. O contrato de adesão é elaborado por uma das partes, estabelecendo todas as cláusulas. A proposta desse contrato é apresentada pela parte elaboradora, de posição claramente forte e predominante, à outra parte, que se vê na posição de aceitar as cláusulas em bloco, ou não celebrará o contrato.

No contrato de adesão, a cláusula compromissória só terá eficácia se for escrita em letras bem realçadas, distinguindo-se das demais cláusulas. Ou, então, se for celebrada em documento à parte, como aditivo ao contrato. Poderá ainda vir após a assinatura do contrato, com letras mais salientes e com nova assinatura. Assim deve ser feito no contrato de trabalho, de seguros, contratos bancários e outros em que são celebrados em impresso próprio.

Poderão as partes indicar na convenção, além da adoção da arbitragem, também o nome do árbitro que deverá julgar a questão, ou o órgão arbitral ou entidade especializada, como, por exemplo, a Arbitragio Câmara de Mediação e Arbitragem em Relações Negociais.

É imprescindível, portanto, que, em todo contrato de franquia ou em outros contratos vinculados a franquia haja a cláusula compromissória, ou seja, que preveja a resolução de qualquer divergência entre as partes, pela mediação e arbitragem.

15.5. O passivo judicial das empresas

Realidade pouco divulgada na vida empresarial é a vultosa dívida decorrente de processos judiciais, colocando em situação instável as empresas brasileiras. Bastaria citar o passivo trabalhista formado pelas reclamações de empregados na Justiça do Trabalho. Em todo o Brasil correm mais de dois milhões de processos trabalhistas, cujos valores cobrados atingem patamares bem acima de todo o meio circulante no País. Verdade é que a maioria desses processos não chegam ao fim e os valores reclamados constituem mera ficção. Todavia, são valores *"sub judice"*, documentados pelo próprio processo e poderão ser julgados procedentes.

Muitas empresas sofrem processos cujo montante reclamado ultrapassa todo o seu capital e seu patrimônio. A procedência de uma só ação poderia engolir seu capital. Se uma empresa exerce ação judicial, o valor defendido é sempre contabilizado e lastreado por documentos, como, por exemplo, duplicata. As cobranças contra ela, mormente as trabalhistas, contudo, não são contabilizadas, malgrado tenha sido ela citada para os termos dessa ação. Se fosse ela contabilizar esses débitos, estaria ela financeiramente estourada. É esse o estado da maioria das empresas do Brasil. Embora seja um estado artificial, não deixa de ser alarmante.

Saindo, porém, da área trabalhista, nos encontraremos defronte a uma situação constrangedora. Muitas empresas necessitam de tomar decisões importantes, mas se encontram inibidas de tomar qualquer iniciativa, por dependerem de decisões judiciais, aguardadas há muitos anos. Os processos judiciais tolhem as iniciativas empresariais, emperram o desenvolvimento econômico, acirram litígios de toda espécie e estimulam as fraudes e as aventuras. Não há, portanto, justiça, pois justiça tardia é a negação da justiça. O juiz que retarda o exercício de suas funções jurisdicionais está negando a justiça. A velha e surrada frase de que *a justiça tarda, mas não falha* é uma falácia, uma enganação; se a justiça tarda, ela já é falha.

Há um desassossego, um estado de angústia empresarial. Sabe todo empresário que a espada de Dâmocles pende sobre sua cabeça. Cabe ao Direito Empresarial encontrar a solução para essa angústia que está se tornando insuportável para as empresas do Brasil. E a solução está apresentada pela Lei 9.307/96, dando novos contornos e eficácia à arbitragem. Urge a imediata adoção de meios alternativos para a solução de controvérsias empresariais. De nada poderia adiantar a modernização do Direito Empresarial, se este não tiver mecanismos adequados de aplicação.

15.6. A remuneração da arbitragem

Sendo a arbitragem uma justiça privada, exercida por juízes privados, não há participação estatal. Os árbitros são indicados pelas partes contendentes ou elas escolhem qual o tribunal arbitral a encarregar-se do julgamento. Cabe, então, a elas a remuneração do serviço prestado e a remuneração dos árbitros. Essa remuneração será combinada entre as partes litigantes e o árbitro, caso se trate de árbitro singular. Caso, entretanto, se trate de um tribunal institucionalizado, ou seja, uma entidade especializada em arbitragem, cada uma tem sua tabela de preços. Geralmente é uma porcentagem sobre o valor da causa, havendo um limite mínimo e máximo.

Essa jurisdição paga contrapõe-se à jurisdição gratuita. Há várias ponderações necessárias a este respeito. A justiça pública não é totalmente gratuita: há custas do processo, a juntada de mandato, da diligência do oficial de justiça, publicação de editais e muitas outras. As cópias de peças processuais são de preço elevado. Deve-se levar em conta os inúmeros gastos de idas e vindas ao fórum, de audiências, que vão se acumulando pelos anos afora. É dispendiosa para as empresas a manutenção de um advogado ou departamento jurídico. Ao final, o processo custou preço bem elevado.

Não é o que ocorre na arbitragem. O advogado tem um prazo bem curto para o seu trabalho, que é mais facilitado e produtivo. Segundo o artigo 23 da Lei da Arbitragem, as partes em litígio poderão prever o prazo desejado por elas, como, por exemplo, um mês. Caso não fique estabelecido esse prazo, vigorará então o prazo legal, que é de seis meses. Se o juízo arbitral não prolatar a sentença no prazo legal, ou no prazo convencionado pelas partes, poderá responder civil e criminalmente por essa desídia, podendo até ser alvo de ação de reparação de danos, se a falha tiver causado danos para uma ou ambas as partes.

Sendo o trabalho do advogado bem mais rápido e facilitado, sua remuneração poderá ser bem menor. O trabalho exercido durante um mês é menos dispendioso do que o exercido durante dez anos. De forma alguma será o advogado prejudicado. Nas atuais circunstâncias, é por demais ilusória a remuneração do trabalho advocatício: recebe o advogado previamente sua remuneração e por ela terá de trabalhar anos a fio; será cobrado pela sua cliente a solução do feito e terá gastos de condução e recolhimento de custas. Cedo verá o advogado que sua remuneração foi corroída por gastos contínuos, enquanto se esfalfa e se desgasta.

Numa análise mais profunda, ver-se-á que a arbitragem racionaliza o trabalho de uma empresa, diminuindo seus custos operacionais. Por outro lado, racionaliza também o trabalho do advogado, valorizando sua remuneração. Poderá ele, assim, apresentar menores exigências, provocando maior volume de ações.

15.7. As raízes brasileiras da arbitragem

O Brasil nunca foi indiferente à arbitragem, malgrado tenha ela emergido com vigor apenas com o advento da Lei 9.307, de 23/09/96. Durante o Império e mesmo nos primórdios de nossa vida como nação independente e soberana, antes que se elaborasse legislação nativa, vigoravam as Ordenações do Reino, em que a arbitragem era admitida. Proclamada a Independência, surgiu nossa primeira Constituição, em 1824, prevendo a resolução de divergências jurídicas civis por meio da arbitragem.

Em 1850, porém, passa a vigorar o nosso Código Comercial, apontando a arbitragem como fórmula de solução para vários tipos de controvérsias no âmbito empresarial. Incisivo é o art. 783, ao apontar a arbitragem para a solução de divergências em operações de comércio marítimo. O art. 302, na alínea 5, diz que o ato constitutivo de uma sociedade mercantil deve trazer a "forma da nomeação dos árbitros para juízes das dúvidas sociais". O art. 294 é ainda mais peremptório:

> *Todas as questões sociais que se suscitarem entre sócios durante a existência da sociedade ou companhia, sua liquidação ou partilha serão decididas em juízo arbitral.*

Posteriormente, a arbitragem foi regulamentada de forma ampla pelo Código Civil de 1916, nos arts. 1.040 a 1.047 e seu *"modus faciendi"* no Código de Progresso Civil de 1939, confirmado pelo atual CPC, de 1973. Essas partes foram derrogadas pela atual Lei de Arbitragem, mais propriamente dizendo, as disposições do Código Civil e do CPC não foram revogadas, mas incorporadas na nova Lei da Arbitragem.

Havia, portanto, um substrato legislativo da arbitragem antes que a nova lei fosse elaborada. Não estão sendo aqui invocadas as raízes internacionais, mas apenas as nacionais. Podemos ainda citar a prática da arbitragem no Brasil, como, por exemplo, as resoluções dos problemas relacionados ao Território do Acre e ao das Missões e o estabelecimento dos limites territoriais do Brasil e países limítrofes, todos resolvidos por arbitragem. Foi no julgamento arbitral dessas questões que se realçou a atuação do Barão do Rio Branco, como advogado do Brasil.

Podemos, ainda, fazer referência ao fato de o Brasil, além de submeter-se à arbitragem, atuou também como árbitro em certas questões internacionais ocorridas no século passado.

16. LEI Nº 8.955

PRESIDÊNCIA DA REPÚBLICA
CASA CIVIL
SUBCHEFIA PARA ASSUNTOS JURÍDICOS

LEI Nº 8.955, DE 15 DE DEZEMBRO DE 1994
Dispõe sobre o contrato de franquia empresarial
(*franchising*) e dá outras providências.

O PRESIDENTE DA REPÚBLICA: faço saber que o Congresso Nacional decreta e eu sanciono a seguinte lei:

Art. 1º. Os contratos de franquia empresarial são disciplinados por esta lei.

Art. 2º. Franquia empresarial é o sistema pelo qual um franqueador cede ao franqueado o direito de uso de marca ou patente, associado ao direito de distribuição exclusiva ou semiexclusiva de produtos ou serviços e, eventualmente, também ao direito de uso de tecnologia de implantação e administração de negócio ou sistema operacional desenvolvidos ou detidos pelo franqueador, mediante remuneração direta ou indireta, sem que, no entanto, fique caracterizado vínculo empregatício.

Art. 3º. Sempre que o franqueador tiver interesse na implantação de sistema de franquia empresarial, deverá fornecer ao interessado em tornar-se franqueado uma circular de oferta de franquia, por escrito e em linguagem clara e acessível, contendo obrigatoriamente as seguintes informações:
  I. Histórico resumido, forma societária e nome completo ou razão social do franqueador e de todas as empresas a que esteja diretamente ligado, bem como os respectivos nomes de fantasia e endereços;
  II. Balanços e demonstrações financeiras da empresa franqueadora relativos aos dois últimos exercícios;
  III. Indicação precisa de todas as pendências judiciais em que estejam envolvidos o franqueador, as empresas controladoras e titulares de marcas, patentes e direitos autorais relativos à operação, e seus subfranqueadores, questionando especificamente o sistema da franquia ou que possam diretamente vir a impossibilitar o funcionamento da franquia;
  IV. Descrição detalhada da franquia, descrição geral do negócio e das atividades que serão desempenhadas pelo franqueado;
  V. Perfil do franqueado ideal no que se refere à experiência anterior, nível de escolaridade e outras características que deve ter, obrigatória ou preferencialmente;
  VI. Requisitos quanto ao envolvimento direto do franqueado na operação e na administração do negócio;
  VII. Especificações quanto ao:
    a) total estimado do investimento inicial necessário à aquisição, implantação e entrada em operação da franquia;
    b) valor da taxa inicial de filiação ou taxa de franquia e de caução; e
    c) valor estimado das instalações, equipamentos e do estoque inicial e suas condições de pagamento;
  VIII. Informações claras quanto a taxas periódicas e outros valores a serem pagos pelo franqueado ao franqueador ou a terceiros por este indicados, detalhando as respectivas bases de cálculo e o que elas remuneram ou o fim a que se destinam, indicando, especificamente, o seguinte:

a) remuneração periódica pelo uso do sistema, da marca ou em troca dos serviços efetivamente prestados pelo franqueador ao franqueado (*royalties*);
b) aluguel de equipamentos ou ponto comercial;
c) taxa de publicidade ou semelhante;
d) seguro mínimo; e
e) outros valores devidos ao franqueador ou a terceiros que a ele sejam ligados;

IX. Relação completa de todos os franqueados, subfranqueados e subfranqueadores da rede, bem como dos que se desligaram nos últimos doze meses, com nome, endereço e telefone;

X. Em relação ao território, deve ser especificado o seguinte:
a) se é garantida ao franqueado exclusividade ou preferência sobre determinado território de atuação e, caso positivo, em que condições o faz; e
b) possibilidade de o franqueado realizar vendas ou prestar serviços fora de seu território ou realizar exportações;

XI. Informações claras e detalhadas quanto à obrigação do franqueado de adquirir quaisquer bens, serviços ou insumos necessários à implantação, operação ou administração de sua franquia, apenas de fornecedores indicados e aprovados pelo franqueador, oferecendo ao franqueado relação completa desses fornecedores;

XII. Indicação do que é efetivamente oferecido ao franqueado pelo franqueador, no que se refere a:
a) supervisão de rede;
b) serviços de orientação e outros prestados ao franqueado;
c) treinamento do franqueado, especificando duração, conteúdo e custos;
d) treinamento dos funcionários do franqueado;
c) manuais de franquia;
f) auxílio na análise e escolha do ponto onde será instalada a franquia; e
g) *layout* e padrões arquitetônicos nas instalações do franqueado;

XIII. Situação perante o Instituto Nacional de Propriedade Industrial – (INPI) das marcas ou patentes cujo uso estará sendo autorizado pelo franqueador;
XIV. Situação do franqueado, após a expiração do contrato de franquia, em relação a:

a) *know-how* ou segredo de indústria a que venha a ter acesso em função da franquia; e

b) implantação de atividade concorrente da atividade do franqueador;
XV. Modelo do contrato-padrão e, se for o caso, também do pré-contrato-padrão de franquia adotado pelo franqueador, com texto completo, inclusive dos respectivos anexos e prazo de validade.

Art. 4º. A Circular Oferta de Franquia deverá ser entregue ao candidato a franqueado no mínimo 10 (dez) dias antes da assinatura do contrato ou pré-contrato de franquia ou ainda do pagamento de qualquer tipo de taxa pelo franqueado ao franqueador ou a empresa ou pessoa ligada a este.

Parágrafo único. Na hipótese do não cumprimento do disposto no *caput* deste artigo, o franqueado poderá arguir a anulabilidade do contrato e exigir devolução de todas as quantias que já houver pagado ao franqueador ou a terceiros por ele indicados, a título de taxa de filiação e *royalties*, devidamente corrigidas, pela variação da remuneração básica dos depósitos de poupança mais perdas e danos.

Art. 5º. (VETADO).

Art. 6º. O contrato de franquia deve ser sempre escrito e assinado na presença de 2 (duas) testemunhas e terá validade independentemente de ser levado a registro perante cartório ou órgão público.

Art. 7º. A sanção prevista no parágrafo único do art. 4º desta lei aplica-se, também, ao franqueador que veicular informações falsas na sua circular de oferta de franquia, sem prejuízo das sanções penais cabíveis.

Art. 8º. O disposto nesta lei aplica-se aos sistemas de franquia instalados e operados no território nacional.

Art. 9º. Para os fins desta lei, o termo franqueador, quando utilizado em qualquer de seus dispositivos, serve também para designar o subfranqueador, da mesma forma que as disposições que se refiram ao franqueado aplicam-se ao subfranqueado.

Art. 10. Esta lei entra em vigor 60 (sessenta) dias após sua publicação.

Art. 11. Revogam-se as disposições em contrário.

Brasília, 15 de dezembro de 1994;
173º da Independência e 106º da República.

ITAMAR FRANCO
Ciro Ferreira Gomes

Este texto não substitui o publicado no DOU de 16.12.1994

17. UM MODELO DE CONTRATO DE FRANQUIA

Para melhor compreensão e orientação aos estudantes que se dedicarem ao estudo da franquia, e também aos interessados em se infiltrarem nesse sistema de atividade econômica, apresentamos um modelo de contrato de franquia, elaborado nos termos das normas legais e doutrinárias dos contratos e do sistema.

O modelo foi elaborado com base em quatro contratos de franquia nas áreas mais usuais em que ela é aplicada. Entretanto, não constam nele os elementos identificadores das empresas envolvidas no contrato, sendo os dados fictícios.

É conveniente citar que está nas obrigações legais do franqueador a entrega prévia ao futuro franqueado uma cópia do contrato e do pré-contrato de franquia, com antecedência mínima de dez dias, para que este a examine e assine depois o contrato de franquia com plena consciência de seus direitos e obrigações, para não se arrepender depois da assinatura. Diz claramente a Lei 8.955/94, no artigo 3º – XV sobre os documentos que o franqueador adicionará na Circular de Oferta de Franquia:

> *Modelo do contrato-padrão e, se for o caso, também do pré-contrato-padrão de franquia adotado pelo franqueador, com texto complexo, inclusive dos respectivos anexos e prazo de validade.*

Vê-se, portanto, que o contrato de franquia é um *mix*, pois, além dele, há a COF – Circular de Oferta de Franquia, que se integra nele. Há também um pré-contrato, para garantir ao franqueado a implantação da franquia e a montagem das instalações e do estabelecimento. No momento em que o estabelecimento já estiver montado e apto para as operações, é assinado o contrato de franquia. Os três documentos completam o contrato.

Outros documentos ainda devem integrar o contrato, como a relação de todos os produtos a serem explorados, com suas características e preço; a relação dos equipamentos utilizados no trabalho e respectivos valores.

O contrato deve ser por escrito e com duas testemunhas. É conveniente identificar as testemunhas pelo menos com a cédula de identidade, sendo conveniente também o endereço, conforme este modelo.

CONTRATO DE FRANQUIA

PARTES CONTRATANTES

FRANQUEADOR:
SABOR REAL PRODUTOS ALIMENTÍCIOS S.A., sociedade brasileira estabelecida em São Paulo, na Rua General Justo, 430 – CEP. 05005-000, inscrita no CNPJ sob o número 045.725.822-82 e IE. 4.730.400, por seu representante legal, Jarbas Mello, brasileiro, casado, empresário, residente na Rua Venâncio Aires, 600 – CEP. 05010-010, portador do RG. 1.634.452 E CEP. 0790.828.703-72.

FRANQUEADO:
SUMO REFEIÇÕES LTDA., sociedade brasileira estabelecida na Rua Barão de Jundiaí, 30 – CEP. 04050-030, inscrita no CNPJ sob o número 030.843.908-03 e IE. 1.432.840, por seu representante legal, Douglas Nobre, brasileiro, casado, empresário, residente na Rua Caraíbas, 344, portador do RG. 2.432.740 e CPF. 030.422.690-44.

Têm, entre si, justo e celebrado este CONTRATO DE FRANQUIA, que se regerá pelas condições abaixo transcritas.

OBJETO DO CONTRATO
1. O franqueador é titular dos direitos de marcas, logotipo, técnicas de trabalho, manuais técnicos, técnicas de produção e de distribuição à clientela e outros elementos de propriedade intelectual, para o fornecimento de refeições prontas, em pratos formatados e uniformizados, preparados com equipamentos previstos.
2. O franqueador concede licença ao franqueado para o uso dessa tecnologia para fabricar e distribuir ao público consumidor os produtos de sua marca, estritamente em sua sede na Rua Caraíbas, 722, com exclusividade em seu território, que abrange todo o bairro de Vila Pompeia, em São Paulo, com exclusividade, não podendo o franqueador conceder franquia a outrem nesse território.
3. Faz parte dessa cessão o nome do franqueador, a marca, o logotipo e os demais sinais identificadores da franquia, o nome dos produtos, manuais de operações, técnicas de trabalho, desenhos, uniformes dos funcionários e demais elementos de propriedade intelectual pertinentes à franquia.

OBRIGAÇÕES DO FRANQUEADO
4. Pagar regularmente a taxa de manutenção da franquia no seu vencimento mensal, sob pena de ser colocado em mora.
5. Adotar o padrão de qualidade devidamente estabelecido, usando os ingredientes escolhidos para os produtos e seguindo os métodos de trabalho pactuados. Deverá utilizar os equipamentos recomendados pelo franqueador e mantê-los em boas condições de uso, de tal forma que os produtos conservem a mesma característica, qualidades e mesmo padrão comuns a todos os franqueados.
6. Manter quadro de funcionários treinados e aprovados pelo franqueador, devendo usar trajes uniformizados do franqueador, e executar suas tarefas nos métodos de trabalho traçados

pelo franqueador, adaptando-se a possíveis modificações que possam ser introduzidas.
7. Conservar a exclusividade da franquia, não podendo manter outro franqueador ou produtos de outros, e utilizar na produção os insumos aprovados pelo franqueador e pelos fornecedores previamente autorizados.
8. Conservar absoluto sigilo sobre a tecnologia licenciada pelo franqueador, não divulgando o sistema de trabalho, composição de produtos e relações contratuais. Seus funcionários receberão somente informações sobre a execução de seu trabalho. Deverá manter os manuais de operações fora do alcance de terceiros.
9. Zelar pelo bom nome do franqueador, de seus produtos e da franquia, evitando desgaste e desprestígio deles, garantindo sempre a aceitabilidade e a credibilidade perante o público consumidor e terceiros que tenham relacionamento com o franqueado.
10. Manter sua empresa sempre em situação legal, registrando-se nos órgãos públicos obrigatórios e averbando neles devidamente todas as modificações societárias e estatutárias do contrato social.
11. Manter seguro obrigatório de suas instalações, estoques e contra riscos das atividades, sempre em vigor.
12. Observar os preços e condições de venda dos produtos colocados à disposição da clientela, não podendo modificá-los nem realizar promoções, descontos e outras modificações das bases anteriormente combinados.
13. Submeter-se às inspeções técnicas e administrativas do franqueador, permitindo-lhe acesso à contabilidade e locais de trabalho e demonstrar que as atividades seguem as condições firmadas no contrato de franquia. Manterá, para esse fim, sistema uniforme de contabilidade estabelecido com o franqueador.

OBRIGAÇÕES DO FRANQUEADOR
14. Garantir o fornecimento constante dos insumos necessários à produção do franqueado, responsabilizando-se por quaisquer prejuízos que lhe causar pelo atraso dos suprimentos.

15. Dar treinamento aos funcionários do franqueado, mantendo-os aptos para o exercício de suas funções.
16. Realizar sempre que necessário, ou nos prazos previstos, assessoria, orientação e controle das atividades do franqueado, corrigindo as falhas e distorções que forem constatadas. Para tanto, deverá entregar ao franqueado, na celebração do contrato, os manuais de operações e atualizá-los.
17. Conservar os produtos principais em linha e facultando ao franqueado operar com novos produtos que forem introduzidos na pauta do franqueador, e mantendo a mesma linha de produtos dos outros franqueados.

PUBLICIDADE
18. Encarregar-se-á o franqueador da publicidade institucional e dos produtos distribuídos, campanhas publicitárias e promoções. O franqueado poderá, entretanto, fazer promoções e divulgações de sua franquia, no seu território, encarregando-se das custas, mas com autorização do franqueador. Poderá ainda haver trabalho conjunto de divulgação, estabelecido de comum acordo entre as partes.

PRAZO DO CONTRATO
19. Este contrato terá validade pelo prazo de 60 (sessenta meses), iniciando-se na data de sua celebração e terminando em 31.3.2016. Poderá ser reformado por igual período, por acordo comum entre as partes.

REMUNERAÇÃO DA FRANQUIA
20. O franqueado pagará mensalmente ao franqueador, como *royalties*, 15% (quinze por cento) de seu faturamento bruto, vencendo-se a primeira em 1º de abril de 2011, e as demais no último dia dos meses subsequentes, e uma taxa de filiação da franquia de R$15.000,00 (quinze mil reais). Haverá tolerância de 3 (três) dias úteis além do vencimento, findo a qual o franqueado será colocado em mora.

TRANSFERÊNCIA DO CONTRATO

21. O franqueado poderá transferir sua empresa a terceiros, submetendo antes a proposta com prazo de 30 (trinta) dias à apreciação do franqueador, que deverá aprová-la. Reserva-se o franqueador, em casos justificados, o direito de pedir garantias do cumprimento do contrato pelo novo franqueado.

CLÁUSULA DE NÃO CONCORRÊNCIA

22. Após o término do contrato, o franqueado se compromete a não dar divulgação dos elementos de propriedade intelectual pertencentes ao franqueador, nem fazer uso deles em qualquer situação. Não deverá exercer atividade semelhante e concorrente ao franqueador no território em que antes exercia a franquia, no prazo de 5 (cinco anos), responsabilizando-se por perdas e danos causados ao franqueador pela infração desta cláusula.

RESOLUÇÃO DE CONTROVÉRSIAS

23. As partes deste contrato, se tiverem dúvidas ou divergências quanto à interpretação ou execução dele, deverão submeter a resolução delas à mediação e arbitragem, escolhendo como câmara arbitral a ARBITRAGIO – CÂMARA DE MEDIAÇÃO E ARBITRAGEM EM RELAÇÕES NEGOCIAIS, que indicará os mediadores ou os árbitros. Se as partes convencionarem entre si, poderão escolher, cada uma, um árbitro para a constituição da câmara arbitral. Os fundamentos legais aplicados no julgamento serão os termos deste contrato, a COF – Circular de Oferta de Franquia, a Lei 8.955/94 e demais normas da legislação brasileira. Integra também este contrato, como pré-contrato, A COF – Circular de Oferta de Franquia, entregue ao franqueado pelo franqueador e assinado por ambas as partes.

INDEPENDÊNCIA DAS PARTES

24. Franqueador e franqueado serão empresas sem subordinação entre elas, não podendo haver participação no capital de um pelo outro ou sócio e representante legal comum entre elas. As relações entre franqueador e franqueado somente serão as decorrentes do contrato de franquia.

RESCISÃO DO CONTRATO
25. Este contrato poderá ser resilido por mútuo consentimento entre as partes, formalizando-se a resilição por instrumento particular a ser registrado no cartório público.

Encerrar-se-á por resolução no caso de haver decorrido o prazo de 5 (cinco) anos e as partes não tiverem se interessado na sua renovação.

Poderá ser rescindido se houver grave lesão de uma das partes às obrigações contratuais. A parte faltosa poderá, no caso de lesão, responder por perdas e danos causados, ou lucros cessantes da outra parte.

A falência do franqueado acarretará a rescisão do contrato, a menos que tenha sido declarada pela Justiça a continuação dos negócios na falência, com a aprovação e responsabilidade do administrador judicial da empresa franqueada falida. O contrato será rescindido nas mesmas condições se houver a falência do franqueador.

Será considerada grave lesão ao contrato, ensejando sua rescisão o atraso de mais de trinta dias no pagamento.

E, por estarem assim certos e ajustados, assinam o presente instrumento, em 2 (duas) vias de igual teor e forma, na presença de duas testemunhas instrumentais.

FRANQUEADOR   FRANQUEADO
_____   _____

Testemunhas:

1 _____   2 _____
RG. 1.856.788   RG. 2.787.987

18. REGULAMENTO CEE 4.087/88 DA COMISSÃO DAS COMUNIDADES EUROPEIAS, RELATIVO A CERTAS CATEGORIAS DE ACORDOS DE FRANQUIA

A COMISSÃO DAS COMUNIDADES EUROPEIAS,
tendo em conta o Tratado que institui a Comunidade Econômica Europeia, tendo em conta o Regulamento (CEE) n° 19/65/CEE do Conselho, de 2 de março de 1965, relativo à aplicação do n° 3 do artigo 85° do Tratado a certas categorias de acordos e práticas concertadas, com a última relação que lhe foi dada pelo Acto de Adesão de Espanha e de Portugal, e, nomeadamente, o seu artigo 1°, após publicação do projeto de regulamento, após consulta do Comitê Consultivo em matéria de acordos, decisões e práticas concertadas e de posições dominantes,

considerando que:

1. O Regulamento n° 19/65/CEE confere à Comissão competência para aplicar o n° 3 do artigo 85° do Tratado, por meio de regulamento, a certas categorias de acordos bilaterais exclusivos que integram o âmbito de aplicação do n° 1 do artigo 85° e que tenham por objeto a distribuição exclusiva ou a compra exclusiva de bens, ou que incluam restrições impostas em ligação com a cessão ou uso de direitos de propriedade industrial.
2. Os acordos de franquia consistem essencialmente em licenças de direitos de propriedade industrial ou intelectual relativos a marcas ou insígnias e saber-fazer, que podem ser acompanha-

das de restrições respeitantes ao fornecimento ou à compra de produtos.
3. É possível distinguir vários tipos de franquia consoante o seu objeto: franquia industrial, que diz respeito ao fabrico de bens, franquia de distribuição, relativa à venda de bens e franquia de serviços, respeitante à prestação de serviços.
4. É possível, com base na experiência da Comissão, definir categorias de acordos de franquia que são abrangidos pelo disposto no n° 1 do artigo 85°, mas que podem normalmente ser considerados como preenchendo as condições estabelecidas no n° 3 do artigo 85°; é o caso dos acordos de franquia pelos quais uma das partes fornece bens ou presta serviços aos utilizadores finais; por outro lado, os acordos de franquia industrial não serão abrangidos pelo presente regulamento; tais acordos, que regem normalmente as relações entre produtores, apresentam características diferentes dos outros tipos de franquia: consistem em licenças de fabrico baseadas em patentes e/ou saber--fazer técnico, acompanhadas de licenças de marca; alguns deles podem beneficiar-se de outras isenções por categoria se preencherem as condições exigidas.
5. O presente regulamento abrange os acordos de franquia entre duas empresas, o franqueador e o franqueado, com vista à revenda de produtos ou à prestação de serviços a utilizadores finais, ou a uma combinação destas atividades, tal como a transformação ou a adaptação de produtos a necessidades específicas dos seus clientes; abrange igualmente os casos em que a relação entre o franqueador e o franqueado é estabelecida por meio de uma terceira empresa, o franqueado principal; não abrange os acordos de franquia de venda por grosso devido à falta de experiência da Comissão nesse domínio.
6. Os acordos de franquia, tal como definidos no presente regulamento, podem ser abrangidos pelo n° 1 do artigo 85°; podem afetar, em especial, as trocas comerciais intracomunitárias quando celebrados entre empresas de diferentes Estados--membros ou quando constituam a base de uma rede que se estende para além das fronteiras de um único Estado-membro.

7. Os acordos de franquia, tal como definidos no presente regulamento, melhoram normalmente a distribuição de produtos e/ou a prestação de serviços, visto darem aos franqueadores a possibilidade de estabelecerem uma rede uniforme com investimentos limitados, fato que pode fomentar a entrada de novos concorrentes no mercado, especialmente no caso de pequenas e médias empresas, aumentando, deste modo, a concorrência entre marcas; os referidos acordos permitem também a comerciantes independentes estabelecerem pontos de venda mais rapidamente e com maiores probabilidades de êxito do que se tivessem de fazê-lo sem a experiência e a assistência do franqueador; os comerciantes independentes têm, portanto, a possibilidade de competir mais eficazmente com grandes empresas de distribuição. JO nº 36 de 6.3.1965, p. 533/65. (2) JO nº C 229 de 27.8.1987, p. 3.
8. Regra geral, os acordos de franquia também proporcionam aos consumidores e outros utilizadores finais uma parte equitativa do lucro deles daí resultante, visto que associam a vantagem de uma rede uniforme com a existência de comerciantes com um interesse direto no funcionamento eficaz do seu negócio; a homogeneidade da rede e a cooperação constante entre o franqueador e os franqueados asseguram a qualidade permanente dos produtos e serviços; o efeito favorável da celebração de acordos de franquia na concorrência entre marcas e o fato de ser deixada liberdade aos consumidores para negociarem com qualquer franqueado da rede garante que seja transmitida aos consumidores uma parte razoável do lucro resultante.
9. O presente regulamento deve definir as obrigações restritivas da concorrência que podem ser incluídas em acordos de franquia; tal é o caso, em especial, da atribuição de um território exclusivo a um franqueado conjugada com a proibição de procurar ativamente clientes fora daquele território, o que lhes permite concentrarem os seus esforços no respectivo território atribuído; o mesmo é válido relativamente à atribuição de um território exclusivo a um franqueado principal conjugada com a obrigação de não celebração de acordos de franquia com terceiros, exteriores a esse território; quando os

franqueados vendem ou utilizam, no processo de prestação de serviços, produtos fabricados pelo franqueador ou segundo as suas instruções e/ou ostentando a sua marca, a obrigação por parte dos franqueados de não venderem ou utilizarem no processo de prestação de serviços produtos concorrentes, permite estabelecer uma rede coerente que se identifica com aqueles produtos; contudo, esta obrigação só pode ser aceita em relação a produtos que constituem o objeto essencial da franquia; não deve respeitar, nomeadamente, a acessórios ou peças sobressalentes daqueles produtos.

10. As obrigações acima referidas não impõem, pois, restrições não necessárias à persecução dos objetivos supramencionados; em especial, a proteção territorial limitada concedida aos franqueados é indispensável para proteger os seus investimentos.

11. É conveniente enumerar no regulamento certo número de obrigações que constam frequentemente dos acordos de franquia e que, normalmente, não restringem a concorrência, e estabelecer que se, devido a circunstâncias jurídicas ou econômicas específicas, estas obrigações forem abrangidas pelo nº 1 do artigo 85º, a isenção lhes será igualmente aplicável; esta enumeração, que não é exaustiva, inclui, em especial, cláusulas que são essenciais para preservar a identidade comum e a reputação da rede ou para impedir que os concorrentes se beneficiem do saber-fazer e da assistência do franqueador.

12. O regulamento deve especificar as condições que devem ser preenchidas para que a isenção seja aplicável; para garantir que a concorrência não é eliminada quanto a uma parte substancial dos produtos objeto da franquia, é necessário que as importações paralelas continuem a ser possíveis; consequentemente, deve manter-se sempre a possibilidade de entregas cruzadas entre franqueados; além disso, quando uma rede de franquia seja combinada com um outro sistema de distribuição, os franqueados devem ter a liberdade de se abastecerem junto de distribuidores aprovados; com vista a melhor informar os consumidores e, deste modo, a assegurar que os consumidores recebam uma parte equitativa do lucro resultante, deve estabelecer-se a obrigatoriedade de o franqueado

indicar o seu estatuto de empresa independente por qualquer meio adequado que não prejudique a identidade comum da rede objeto da franquia; além disso, quando os franqueados tenham que dar uma garantia relativamente aos produtos do franqueador, esta obrigação será igualmente aplicável aos produtos fornecidos pelo franqueador, por outros franqueados ou por outros revendedores aprovados.

13. O regulamento deve especificar também as restrições que não podem ser incluídas nos acordos de franquia para que estes beneficiem da isenção prevista pelo regulamento, por tais disposições constituírem restrições abrangidas pelo nº 1 do artigo 85º, relativamente às quais não existe uma presunção geral de que produzirão os efeitos positivos exigidos pelo nº 3 do artigo 85º. Tal é o caso, em especial, da repartição de mercado entre fabricantes concorrentes, das cláusulas que limitam indevidamente a escolha por parte dos franqueados de fornecedores ou de clientes e dos casos em que o franqueado fica limitado na determinação dos seus preços; contudo, o franqueador deve ter a liberdade de recomendar preços aos franqueados quando tal prática não seja proibida pelas legislações nacionais e na medida em que tal não conduza a práticas concertadas na aplicação efetiva daqueles preços.

14. Os acordos que não são automaticamente abrangidos pela isenção por conterem disposições não expressamente isentas pelo regulamento sem serem expressamente excluídas da isenção podem, todavia, beneficiar da presunção geral de aplicabilidade do nº 3 do artigo 85º. A Comissão poderá estabelecer rapidamente se é este o caso relativamente a um determinado acordo; tais acordos devem, portanto, ser considerados abrangidos pela isenção prevista no presente regulamento quando, depois de notificados à Comissão, esta não se opuser à aplicação da isenção num determinado prazo.

15. Se determinados acordos individuais isentos pelo presente regulamento tiverem, no entanto, efeitos incompatíveis com o nº 3 do artigo 85º do Tratado, particularmente de acordo com a interpretação que decorre da prática administrativa da Comissão e da jurisprudência do Tribunal de Justiça, a Comis-

são pode excluí-los do benefício da isenção por categoria; tal sucede, em especial, quando a concorrência for restringida de modo significativo em virtude da estrutura do mercado em causa.

16. Os acordos automaticamente isentos por força do presente regulamento não carecem de notificação; no entanto, as empresas podem em casos específicos solicitar uma decisão nos termos do Regulamento nº 17 do Conselho, com a última relação que lhe foi dada pelo Acto de Adesão de Espanha e de Portugal.

17. Os acordos podem beneficiar-se das disposições do presente regulamento ou de outro regulamento, de acordo com a sua natureza própria, e desde que preencham as respectivas condições de aplicação; não podem beneficiar-se de uma combinação das disposições do presente regulamento com as de outro regulamento.

ADOTOU O PRESENTE REGULAMENTO:

ARTIGO 1º

1. Nos termos do nº 3 do artigo 85º do Tratado e nas condições previstas no presente regulamento, o nº 1 do artigo 85º do Tratado é declarado inaplicável aos acordos de franquia celebrados entre apenas duas empresas e que incluam uma ou mais das restrições enumeradas no artigo 2º.

2. A isenção prevista no nº 1 é igualmente aplicável a acordos de franquia principal em que apenas participem duas empresas. Se for caso disso, as disposições do presente regulamento relativas à relação entre o franqueador e o franqueado serão aplicáveis *mutatis mutandis* à relação entre o franqueador e o franqueado principal e entre este e o franqueado.

3. Para efeitos da aplicação do presente regulamento deve entender-se por:
   a) "Franquia", um conjunto de direitos de propriedade industrial ou intelectual relativos a marcas, designações comerciais,

insígnias comerciais, modelos de utilidade, desenhos, direitos de autor, saber-fazer ou patentes, a explorar para a revenda de produtos ou para a prestação de serviços a utilizadores finais;

b) "Acordo de franquia", um acordo pelo qual uma empresa, o franqueador, concede a outra, o franqueado, mediante uma contrapartida financeira direta ou indireta, o direito de explorar uma franquia para efeitos da comercialização de determinados tipos de produtos e/ou de serviços; inclui, pelo menos, obrigações relativas: – ao uso de uma designação ou insígnia comum e à apresentação uniforme das instalações e/ou dos meios de transporte previstos no contrato,
- à comunicação ao franqueado, por parte do franqueador, de saber-fazer;
- à prestação contínua de assistência comercial ou técnica ao franqueado por parte do franqueador, durante a vigência do acordo;

c) "Acordo de franquia principal", um acordo pela qual uma empresa, o franqueador, concede a outra empresa, o franqueado principal, mediante uma contrapartida financeira direta ou indireta, o direito de explorar uma franquia com vista a concluir acordos de franquia com terceiros, os franqueados;

d) "Produtos do franqueador", os produtos fabricados pelo franqueador ou segundo as suas instruções e/ou ostentando a sua designação ou marca;

e) "Instalações previstas no contrato", as instalações utilizadas para a exploração da franquia ou, nos casos em que a franquia é explorada fora daquelas instalações, a base a partir da qual o franqueado utiliza os meios de transporte para exploração da franquia ("meios de transporte previstos no contrato");

f) "Saber-fazer", um conjunto de conhecimentos práticos não patenteados, decorrentes da experiência do franqueador, e verificados por este que é secreto, substancial e identificável;

g) "Secreto" o fato que o saber-fazer, enquanto conjunto ou na configuração e montagem dos seus componentes, não é do conhecimento geral ou de fácil acesso; não deve ser entendido

restritivamente, no sentido de cada componente individual do saber-fazer dever ser totalmente desconhecido ou não susceptível de ser obtido fora da empresa do franqueador; JO n° 13 de 21.2.1962, p. 204/62.
h) "Substancial" o fato que o saber-fazer inclui conhecimentos importantes para a venda de produtos ou para a prestação de serviços a utilizadores finais e, em especial, para a apresentação de produtos para venda, para a transformação de produtos em ligação com a prestação de serviços, para os métodos de negociar com os clientes e para a administração e gestão financeira; o saber-fazer deve ser útil para o franqueado ao ser susceptível, à data da conclusão do acordo, de melhorar a sua posição concorrencial, em especial ao melhorar os seus resultados ou ajudando-o a penetrar num novo mercado;
i) "Identificável", o fato que o saber-fazer deve ser descrito de modo suficientemente preciso para permitir verificar que preenche os critérios de confidencialidade e de substancialidade; a descrição do saber-fazer pode constar quer do acordo de franquia, quer de documento separado, quer ser registrado por qualquer outra forma adequada.

ARTIGO 2°

A isenção prevista no artigo 1° é aplicável aos acordos de franquia que incluam uma ou mais das seguintes restrições de concorrência:
a) A obrigação, por parte do franqueador, de, numa área especificada do mercado comum, o território previsto no contrato, – não conceder a terceiros direitos de exploração relativos à totalidade ou a parte da franquia,
 • não explorar, ele próprio, a franquia, ou fornecer ele próprio os produtos ou serviços objeto da franquia sob uma fórmula semelhante,
 • não fornecer ele próprio a terceiros os produtos do franqueador;

- b) A obrigação, por parte do franqueado principal, de não celebrar acordos de franquia com terceiros fora do território que lhe foi atribuído pelo contrato;
- c) A obrigação, por parte do franqueado, de só explorar a franquia nas instalações previstas no contrato;
- d) A obrigação, por parte do franqueado, de se abster de procurar clientela fora do território que lhe foi atribuído pelo contrato para os produtos ou serviços objeto da franquia;
- e) A obrigação, por parte do franqueado, de não fabricar, vender ou utilizar na prestação de serviços, produtos concorrentes dos produtos do franqueador que sejam objeto da franquia; quando a franquia tenha por objeto a venda ou a utilização na prestação de serviços de, simultaneamente, certos tipos de produtos e de peças sobressalentes ou acessórios desses mesmos produtos, esta obrigação não pode ser imposta relativamente a estas peças sobressalentes ou acessórios.

ARTIGO 3º

1. O artigo 1º é aplicável sem prejuízo da existência de qualquer uma das seguintes obrigações impostas ao franqueado, na medida em que tais obrigações sejam necessárias para proteger os direitos de propriedade industrial ou intelectual do franqueador ou para manter a identidade comum e a reputação da rede franqueada: a) Vender ou utilizar durante a prestação de serviços exclusivamente produtos que satisfaçam especificações de qualidade objetivas mínimas estabelecidas pelo franqueador;
- b) Vender ou utilizar durante a prestação de serviços produtos fabricados exclusivamente pelo franqueador ou por terceiros por ele designados, quando não for viável, devido à natureza dos produtos objeto da franquia, aplicar especificações de qualidade objetiva;
- c) Não exercer, direta ou indiretamente, qualquer atividade comercial semelhante num território em que entre em concorrência com um membro da rede franqueada, incluindo o franqueador; esta obrigação pode continuar a recair sobre o franqueado após a cessação do acordo, durante um período

razoável que não pode exceder um ano, no território em que explorou a franquia;
d) Não adquirir interesses financeiros no capital de empresas concorrentes e que permitiriam ao franqueado influenciar o comportamento econômico de tais empresas;
e) Vender os produtos objeto da franquia apenas a utilizadores finais ou a outros franqueados, e a revendedores, de outros canais de distribuição que são abastecidos pelo fabricante desses artigos ou com o consentimento dele;
f) Usar da sua melhor diligência na venda dos produtos ou na prestação dos serviços objeto da franquia; oferecer para venda uma gama mínima de produtos, realizar um volume de negócios mínimo, planificar antecipadamente as encomendas, manter um nível mínimo de existências e prestar serviços de garantia e de assistência aos clientes;
g) Pagar ao franqueador, para publicidade, uma determinada percentagem das suas receitas e efetuar, ele próprio, publicidade, em condições aprovadas pelo franqueador.

2. O artigo 1º é aplicável, não obstante a existência de qualquer uma das seguintes obrigações imposta ao franqueado: a) Não revelar a terceiros o saber-fazer fornecido pelo franqueador; o franqueado pode continuar vinculado a esta obrigação após a cessação do acordo;
b) Comunicar ao franqueador qualquer experiência obtida na exploração da franquia e conceder-lhe, bem como aos outros franqueados, uma licença não exclusiva relativamente ao saber-fazer decorrente daquela experiência;
c) Informar o franqueador das violações dos direitos de propriedade industrial ou intelectual objeto de licença, agir judicialmente contra os infratores ou apoiar o franqueador em quaisquer ações judiciais contra os infratores;
d) Não utilizar o saber-fazer objeto da licença concedida pelo franqueador para fins que não sejam os da exploração da franquia; o franqueado pode continuar vinculado a esta obrigação após a cessação do acordo;

e) Frequentar, ou mandar o seu pessoal frequentar, estágios de formação organizados pelo franqueador;
f) Aplicar os métodos comerciais concebidos pelo franqueador, incluindo quaisquer alterações subsequentes, e utilizar os direitos de propriedade industrial ou intelectual objeto da licença;
g) Cumprir as normas do franqueador quanto ao equipamento e à apresentação das instalações e/ou meios de transporte previstos no contrato;
h) Permitir ao franqueador proceder à verificação das instalações e/ou meios de transporte previstos no contrato, incluindo os produtos vendidos e os serviços prestados, bem como do inventário e da contabilidade do franqueado;
i) Não mudar a localização das instalações previstas no contrato sem o consentimento do franqueador;
j) Não ceder os direitos e obrigações decorrentes do acordo de franquia sem o consentimento do franqueador.

3. Caso, em razão de circunstâncias específicas, as obrigações a que refere o nº 2 sejam abrangidas pelo disposto no nº 1 do artigo 85º, ficarão igualmente isentas mesmo quando não estejam acompanhadas por qualquer uma das obrigações isentas por força do disposto no artigo 1º.

ARTIGO 4º

A isenção prevista no artigo 1º é aplicável desde que:
a) O franqueado tenha a liberdade de obter os produtos objeto da franquia junto de outros franqueados; quando esses produtos sejam também distribuídos por meio de outra rede de distribuidores aprovados pelo franqueador, o franqueado deve ter a liberdade de obter os produtos junto desses distribuidores aprovados;
b) Quando o franqueador obrigue o franqueado a prestar garantia relativamente aos bens do franqueador, esta obrigação seja aplicável em relação aos bens fornecidos por qualquer membro da rede franqueada ou por outros distribuidores que prestam garantia similar, no mercado comum;

c) O franqueado seja obrigado a indicar o seu estatuto de empresa independente; tal indicação não interferirá, porém, com a identidade comum da rede franqueada resultante, em especial, da designação ou insígnia comuns e da apresentação uniforme das instalações e/ou dos meios de transporte previstos no contrato.

ARTIGO 5º

Não é aplicável a isenção prevista no artigo 1º, nos casos em que:
a) Empresas produtoras de bens e fornecedoras de serviços idênticos ou considerados pelos utilizadores como equivalentes, em função das suas características, preço e uso previsível, concluam acordos de franquia relativamente a tais bens ou serviços;
b) Sem prejuízo da alínea e) do artigo 2º e do nº 1, alínea b), do artigo 3º, o franqueado for impedido de obter fornecimentos de produtos de qualidade equivalente aos oferecidos pelo franqueador;
c) Sem prejuízo da alínea e) do artigo 2º, o franqueado for obrigado a vender ou utilizar produtos fabricados pelo franqueador na prestação de serviços, ou por terceiros por ele designados, e o franqueador se recusar, por outras razões não relacionadas com a proteção dos seus direitos de propriedade industrial ou intelectual ou a manutenção da identidade comum e da reputação da rede franqueada, a designar como fabricantes aprovados terceiros propostos pelo franqueado;
d) O franqueado for impedido de continuar a utilizar o saber-fazer objeto da licença após a cessação do acordo, nos casos em que o saber-fazer se tiver tornado do conhecimento geral ou de fácil acesso, por razões não relacionadas com um incumprimento de uma obrigação por parte do franqueado;
e) O franqueado se encontrar limitado pelo franqueador, direta ou indiretamente, na determinação dos preços de venda dos produtos ou serviços objeto da franquia, sem prejuízo da possibilidade de o franqueador recomendar preços de venda;
f) O franqueador proibir o franqueado de contestar a validade dos direitos de propriedade industrial ou intelectual incluídos

na franquia, sem prejuízo da possibilidade de o franqueador rescindir o acordo em tal caso;
g) Os franqueados forem obrigados a não fornecerem, no mercado comum, os produtos ou serviços objeto da franquia, a utilizadores finais, em razão do local de residência destes.

ARTIGO 6º

1. A isenção prevista no artigo 1º é igualmente aplicável aos acordos de franquia que preencham as condições do artigo 4º e que incluam obrigações restritivas da concorrência não abrangidas pelo artigo 2º, pelo nº 3 do artigo 3º e que não integrem o âmbito de aplicação do artigo 5º, desde que os acordos em questão sejam notificados à Comissão, em conformidade com o Regulamento nº 27 da Comissão (1), e que a Comissão se não oponha a tal isenção no prazo de seis meses. JO nº 35 de 10.5.1962, p. 1.118/62.

2. O prazo de seis meses tem início na data em que a notificação é recebida pela Comissão. Quando, contudo, a notificação for feita por carta registrada, o prazo terá início na data do carimbo postal do local de envio.

3. O nº 1 só é aplicável se:
a) Na notificação ou em comunicação que a acompanhe se fizer referência expressa ao presente artigo; e
b) As informações fornecidas com a notificação forem completas e conformes aos fatos.

4. Pode solicitar-se o benefício do disposto no nº 1 em relação a acordos notificados antes da entrada em vigor do presente regulamento, mediante apresentação à Comissão de uma comunicação que faça referência expressa ao presente artigo e à notificação. O nº 2 e a alínea b) do nº 3 aplicar-se-ão *mutatis mutandis*.

5. A Comissão pode opor-se à isenção. A Comissão opor-se-á à isenção se receber de um Estado-membro um pedido nesse sentido no prazo de três meses a contar da transmissão ao Estado-membro da notificação referida no n° 1 ou da comunicação referida no n° 4. Este pedido deve ser justificado com base em considerações relativas às regras de concorrência do Tratado.

6. A Comissão pode, em qualquer momento, retirar a sua oposição à isenção. Contudo, se a oposição houver surgido a pedido de um Estado-membro, esta só poderá ser retirada após consulta do Comitê Consultivo em matéria de acordos, decisões e práticas concertadas e de posições dominantes.

7. Se a oposição for retirada por as empresas em causa haverem demonstrado que se encontrem preenchidas as condições do n° 3 do artigo 85°, a isenção aplica-se a partir da data da notificação.

8. Se a oposição for retirada por as empresas em causa terem alterado o acordo, por forma a preencher as condições do n° 3 do artigo 85°, a isenção aplica-se a partir da data em que as alterações produzem efeitos.

9. Se a Comissão se opuser à isenção e a oposição não for retirada, os efeitos da notificação regem-se pelo disposto no Regulamento n° 17.

ARTIGO 7°

1. As informações obtidas ao abrigo do artigo 6° só podem ser utilizadas para efeitos da aplicação do presente regulamento.

2. A Comissão e as autoridades dos Estados-membros, os seus funcionários e outros agentes não revelarão informações por si obtidas ao abrigo do presente regulamento, se as mesmas se encontrarem abrangidas pela obrigação de segredo profissional.

3. O disposto nos n°s 1 e 2 não obsta à publicação de informações ou relatórios gerais que não contenham informações relativas a empresas ou associações de empresas específicas.

ARTIGO 8°

A Comissão pode retirar o benefício da aplicação do presente regulamento, nos termos do artigo 7° do Regulamento n° 19/65/CEE, se verificar que, num caso determinado, um acordo isento pelo presente regulamento tem, não obstante, certos efeitos incompatíveis com as condições estabelecidas no n° 3 do artigo 85° do Tratado, e, em especial, quando for concedida ao franqueado proteção territorial e:
a) O acesso ao mercado em causa ou a concorrência no referido mercado for restringida de maneira significativa pelo efeito cumulativo de redes paralelas de acordos semelhantes criadas por fabricantes ou distribuidores concorrentes;
b) Os bens ou serviços objeto da franquia não enfrentam numa parte substancial do mercado comum uma concorrência efetiva de bens idênticos ou de produtos ou serviços idênticos ou considerados equivalentes pelos utilizadores em função das suas características, preço e uso previsível;
c) As partes, ou uma delas, impedirem os utilizadores finais, em razão do seu local de residência, de obterem, diretamente ou por meio de intermediários, os produtos ou serviços objeto da franquia no mercado comum, ou utilizarem as diferenças de especificações relativas àqueles produtos ou serviços em diferentes Estados-membros para compartimentarem os mercados.
d) Os franqueados adotarem práticas concertadas relativamente aos preços de venda dos produtos ou de prestação dos serviços objeto da franquia;
e) O franqueador utilizar o seu direito de proceder à verificação das instalações e dos meios de transporte previstos no contrato, ou recusar a sua aprovação relativamente a pedidos do franqueado no sentido de mudar as instalações previstas no contrato ou de ceder os seus direitos e obrigações decorrentes do acordo de franquia por razões não relacionadas com a proteção

do saber-fazer do franqueador, a manutenção da identidade comum e da reputação da rede franqueada ou a verificação do respeito por parte do franqueado das obrigações decorrentes do acordo.

ARTIGO 9º

O presente regulamento entra em vigor em 1º de fevereiro de 1989.

É aplicável até 31 de dezembro de 1999.

O presente regulamento é obrigatório em todos os seus elementos e diretamente aplicável em todos os Estados-membros.

Feito em Bruxelas, em 30 de novembro de 1988.

Pela Comissão

Peter SUTHERLAND

19. *FRANCHISING* – CÓDIGO DE DEONTOLOGIA EUROPEU

CÓDIGO DE DEONTOLOGIA

O Código de Deontologia foi elaborado de forma a ser um Código de bons costumes e de boa conduta para os praticantes do *franchising* na Europa. Não pretende substituir os Direitos Nacionais ou Europeus existentes.

O presente Código de Deontologia é o resultado da experiência e trabalho realizado pela Federação Europeia de *Franchising* (FEF) e dos seus membros (Áustria, Bélgica, Dinamarca, França, Reino Unido, Itália, Holanda, Portugal e República Federal da Alemanha) em conjugação com a Comissão das Comunidades Europeias. Este Código em antecipação ao Mercado Único substitui o anterior Código de Deontologia Europeu, bem como todos os Códigos de Deontologia nacionais e regionais existentes nesta data na Europa.

Pelo fato de terem aderido à FEF, os seus membros aceitam incondicionalmente o Código de Deontologia e comprometem-se a não o alterar nem modificar de nenhuma forma. Reconhece-se, todavia, que determinadas legislações nacionais impõem cláusulas específicas. Estas não deverão estar em contradição com o Código Europeu, e ser-lhe-ão anexadas. Não será necessária nenhuma autorização da FEF para a elaboração destas cláusulas.

Da adesão à FEF resulta que os seus membros se comprometem a impor aos respectivos aderentes das suas associações ou federações a obrigação de respeitar o Código de Deontologia Europeu. O Código de Deontologia entra em vigor no dia 1º de janeiro de 1991.

Parte 1. **Definição do** *Franchising*

O *franchising* é um sistema de comercialização de produtos e/ou serviços e/ou tecnologias, baseado numa estreita e contínua colaboração entre empresas jurídicas e financeiramente distintas e independentes, o franqueador e os seus franqueados, por meio do qual o franqueador concede aos seus franqueados o direito, e impõe a obrigação, de explorar uma empresa de acordo com o seu conceito.

O direito concedido confere ao franqueado o poder e o dever de, mediante uma contrapartida financeira direta ou indireta, usar a insígnia e/ou marca de produtos e/ou marca de serviços, o *know-how*, os métodos comerciais e técnicos, o sistema de procedimentos e outros direitos de propriedade industrial e intelectual, apoiados por uma prestação contínua de assistência comercial e/ou técnica, no âmbito e durante a vigência de um contrato de *franchising* escrito, para tal fim, celebrado entre as partes.
1. ***Know-how*** – é o conjunto de conhecimentos práticos não patenteados, decorrentes da experiência do franqueador e por ele testado, que é secreto, substancial e identificado.
2. **Secreto** – significa que o *know-how*, enquanto conjunto ou na configuração e reunião precisa dos seus componentes, não é do conhecimento geral ou de fácil acesso; tal não implica que cada componente individual do *know-how* deva ser, em sentido estrito, totalmente desconhecido ou não susceptível de obtenção fora da atividade do franqueador.
3. **Substancial** – significa que o *know-how* deve incluir informação indispensável para o exercício da atividade do franqueado, para a venda ou revenda de produtos ou para a prestação de serviços contratuais, em especial, para a apresentação dos produtos

para venda, sua transformação em conexão com a prestação de serviços, as relações com a clientela e a gestão administrativa e financeira; o *know-how* deve ser útil para o franqueado ao ser susceptível, à data da conclusão do contrato, de melhorar a sua posição concorrencial, em especial ao melhorar os seus resultados ou ajudando-o a penetrar num novo mercado.
4. **Identificado** – significa que o *know-how* deve ser descrito de modo suficientemente preciso para permitir verificar que preenche os critérios de sincretismo e de substancialidade; a descrição do *know-how* pode constar quer do contrato de *franchising*, quer de documento separado ou materializado de qualquer outra forma apropriada.

Parte 2. Princípios Orientadores

2.1. O franqueador é o iniciador de uma rede de *franchising*, constituída por si e pelos seus franqueados, cuja perenidade é assegurada pelo franqueador.

2.2. Obrigações do franqueador: o franqueador deverá:
   a) Ter concebido e explorado com sucesso um conceito, durante um período de tempo razoável e ter explorado, no mínimo, uma unidade-piloto antes do lançamento da rede.
   b) Ser o titular ou dispor de uma licença relativa ao uso dos sinais distintivos do comércio: marca, insígnia e demais direitos de propriedade intelectual, industrial ou outros sinais aglutinadores da clientela.
   c) Providenciar a formação inicial dos seus franqueados e prestar de forma continuada assistência comercial e/ou técnica durante a vigência do contrato.

2.3. Obrigações do franqueado: o franqueado deverá:
   a) Promover os seus melhores esforços para o desenvolvimento da rede de *franchising* e para a conservação da identidade comum e reputação da rede.

- **b)** Fornecer ao franqueador os dados operacionais verificáveis a fim de facilitar a determinação do desempenho e dos ratios financeiros indispensáveis a um eficaz controle de gestão. O franqueado permitirá ao franqueador e/ou aos seus representantes o acesso, em qualquer momento, às suas instalações e à sua contabilidade, dentro de um horário razoável.
- **c)** Não divulgar a terceiros o *know-how* transmitido pelo franqueador, durante a vigência ou após a cessação do contrato.

2.4. Obrigações comuns do franqueador e do franqueado durante a vigência do contrato:
- **a)** Ambas as partes devem agir com lealdade e equidade nas suas relações recíprocas. O franqueador deve informar, por escrito, os seus franqueados de qualquer violação contratual e, quando justificado, conceder um período de tempo razoável para o *franchisado* reparar a sua falta.
- **b)** Ambas as partes devem resolver os conflitos e litígios com lealdade e boa-fé, promovendo o diálogo e a negociação direta.

Parte 3. Recrutamento, Publicidade e Divulgação

3.1. A publicidade para o recrutamento de franqueados não deverá conter ambiguidades nem ser enganosa.

3.2. Qualquer documento publicitário que contenha alusões diretas ou indiretas a resultados financeiros provisionais do franqueado deve ser objetivo e verificável.

3.3. A fim de permitir que o potencial franqueado se vincule com perfeito conhecimento de causa, o franqueador deve fornecer-lhe, em prazo razoável e antes da assinatura do contrato, uma cópia do presente Código de Deontologia, bem como informação completa, de forma escrita e precisa, com respeito às cláusulas do contrato de *franchising*.

3.4. Sempre que o franqueador proponha ao candidato a franqueado a celebração de um pré-contrato, este deverá respeitar os seguintes princípios:
   a) Antes da assinatura de qualquer pré-contrato, o candidato a franqueado deverá receber informação escrita relativa ao conteúdo do dito contrato, bem como das despesas dele resultantes para o candidato. Se o contrato de *franchising* for assinado, todos os pagamentos efetuados pelo franqueado serão reembolsados pelo franqueador, podendo também ser compensados no direito de entrada, se a este houver lugar.
   b) O pré-contrato deve estabelecer o seu termo e uma cláusula de resolução.
   c) O franqueador pode impor obrigações de não-concorrência e/ou de confidencialidade para proteger a sua identidade e o seu *know-how*.

Parte 4. Seleção dos Franqueados

O franqueador deve selecionar e aceitar os franqueados que, após uma investigação razoável, apresentem os requisitos necessários ao nível da sua formação, qualidades pessoais e recursos financeiros para explorar o negócio *franchisado*.

Parte 5. O Contrato de *Franchising*

5.1. O contrato de *franchising* deve estar em conformidade com o Direito Nacional, com o Direito Comunitário e com este Código de Deontologia, incluindo eventuais aditamentos complementares de caráter nacional.

5.2. O contrato deve refletir os interesses dos membros da rede de *franchising*, na proteção dos direitos de propriedade industrial e intelectual do franqueador e na manutenção da identidade comum e reputação da rede de *franchising*. Qualquer contrato ou acordo contratual, regendo as relações franqueador/ franqueado, deve ser redigido ou traduzido por tradutor juramentado na língua oficial do país em que o franqueado está estabelecido, devendo ser imediatamente entregue ao franqueado um original do contrato assinado.

5.3. O contrato de *franchising* deve definir, sem ambiguidade, as respectivas obrigações e responsabilidade das partes, bem como todas as outras cláusulas materiais da sua relação.

5.4. O contrato deverá, no mínimo, conter os seguintes pontos essenciais:
- Os direitos do franqueador;
- Os direitos do franqueado;
- Os bens e/ou serviços prestados ao franqueado;
- As obrigações do franqueador;
- As obrigações do franqueado;
- As condições financeiras para o franqueado;
- A duração do contrato, a qual deve ser fixada de forma a permitir ao franqueado a amortização dos seus investimentos iniciais e específicos do *franchising*;
- As condições de renovação do contrato;
- As condições em que poderá ocorrer a cessão ou transmissão dos direitos do franqueado, decorrentes do contrato, e os termos do exercício do direito de preferência pelo franqueador;
- As condições de utilização pelo franqueado dos sinais distintivos do comércio pertencentes ao franqueador: marca, insígnia, logotipo, ou qualquer outro sinal aglutinador da clientela;
- O direito de o franqueador adaptar o seu conceito de *franchising* alterando ou adotando novos procedimentos;
- As cláusulas de resolução do contrato;

- As cláusulas que estabeleçam a pronta restituição ao franqueador de todos os elementos corpóreos e incorpóreos que lhe pertençam, quando da cessão do contrato de *franchising*.

Parte 6. O Código de Deontologia e *Master Franchise*

Este Código de Deontologia não se aplica às relações entre o franqueador e o seu Máster franqueado.

Em compensação, aplica-se às relações entre Máster franqueado e seus Subfranqueados.

O *"know-how"* é um conjunto de conhecimentos práticos não patenteados, decorrentes da experiência do franqueador e por ele testado. É secreto, substancial e identificado.

"Secreto" resulta de o *know-how*, enquanto conjunto ou na configuração e reunião precisa dos seus componentes, não ser do conhecimento geral ou de fácil acesso; não se limita ao sentido estrito, de que cada componente individual do *know-how* deve ser totalmente desconhecido ou não susceptível de obtenção fora das relações com o franqueador.

"Substancial", isto é, o *know-how* deve incluir informação relevante para a venda de produtos ou para a prestação de serviços aos utilizadores finais e, nomeadamente, a apresentação de produtos para venda, sua transformação em conexão com a prestação de serviços, as relações com a clientela e a gestão administrativa e financeira; o *know-how* deve ser útil para o franqueado ao ser susceptível, à data da conclusão do acordo, de melhorar a sua posição concorrencial, em especial ao melhorar os seus resultados ou ajudando-o a penetrar num novo mercado.

"Identificado", significa que o *know-how* deve ser descrito de modo suficientemente preciso para permitir verificar que preenche os critérios de segredo e de substancialidade, a descrição do *know-how* pode constar quer do contrato de *franchising*, quer de documento separado, quer por qualquer outra forma apropriada.

O franqueador garante ao franqueado o uso e a fruição de um *know-how* que detém e desenvolve. O franqueador através de uma informação e de formação adaptadas, transmite o *know-how* ao franqueado, controlando a sua aplicação e o seu cumprimento. O franqueador deve incitar os franqueados a transmitirem-lhe informações com vista ao aperfeiçoamento do *know-how*. Durante os períodos pré-contratual, contratual e pós-contratual, o franqueador deve impedir qualquer utilização ou transmissão do *know-how*, especialmente em relação às redes concorrentes, que possa causar prejuízos à rede de *franchising*.